O DEVER DE MOTIVAÇÃO NA DESPEDIDA COLETIVA

MARCELE CARINE DOS PRASERES SOARES

Juíza do Trabalho, mestra em Direito do Trabalho e Seguridade Social pela Universidade de São Paulo — USP e especialista na mesma área pela Universidade de Lisboa.

O DEVER DE MOTIVAÇÃO NA DESPEDIDA COLETIVA

LTr 80

LTr EDITORA LTDA.

© Todos os direitos reservados

Rua Jaguaribe, 571
CEP 01224-003
São Paulo, SP — Brasil
Fone (11) 2167-1101
www.ltr.com.br
Novembro, 2016

Produção Gráfica e Editoração Eletrônica: GRAPHIEN DIAGRAMAÇÃO E ARTE
Projeto de Capa: FABIO GIGLIO
Impressão: GRAPHIUM GRÁFICA E EDITORA

versão impressa — LTr 5633.6 — ISBN 978-85-361-8993-2
versão digital — LTr 9024.1 — ISBN 978-85-361-9002-0

Dados Internacionais de Catalogação na Publicação (CIP)
(Câmara Brasileira do Livro, SP, Brasil)

Soares, Marcele Carine dos Praseres

O dever de motivação na despedida coletiva / Marcele Carine dos Praseres Soares. — São Paulo : LTr, 2016.

Bibliografia.

1. Direitos e deveres 2. Empregados — Dispensa 3. Empregados — Dispensa — Brasil I. Título.

16-06672   CDU-34:331.106.44

Índices para catálogo sistemático:
1. Despedida coletiva : Direito do trabalho 34:331.106.44

Para Antonio Vieira dos Prazeres (in memorian),
Maria José Oliveira dos Prazeres,
Carlos Soares Damasceno e Maria Pureza Damasceno (in memorian).

Agradeço a Deus, de quem já recebi muito mais do que mereço.

A Geraldo, meu maior incentivador, meu amor, meu amigo.

A minha mãe, Maria do Carmo, por me ensinar que o amor não escraviza, liberta.

A meu pai, Eraldo, por, ainda que nem desconfie, me ensinar que nem tudo na vida tem uma explicação, mas que tudo na vida tem um significado.

Ao "Instituto Sagrada Família", Colégio Santa Úrsula, Universidade Federal de Alagoas, Universidade de São Paulo, Justiça do Trabalho e a todos os amigos, de todo o mundo e do mundo todo, pelas dicas, pelo apoio, pelo incentivo, por serem tão iguais e, ao mesmo tempo, tão diferentes de mim. Ou seja, pelo amor que só a verdadeira amizade é capaz de proporcionar.

A Luitgarde Oliveira Cavalcanti Barros, por me fazer acreditar, com seus cartões postais e com seu exemplo de vida, que não há arma mais poderosa que o autoconhecimento.

Ao professor orientador Paulo Eduardo Vieira de Oliveira, por me ajudar a realizar um sonho: ser aluna SanFran.

Aos professores Otávio Pinto e Silva e Ronaldo Lima dos Santos, pelas valiosas observações por ocasião da banca de qualificação, bem como aos professores Otávio e Ivani Contini Bramante, membros da banca para obtenção do título de Mestre, pela Universidade de São Paulo.

Aos professores Jasiel Ivo, Jorge Luiz Souto Maior e Homero Batista Mateus da Silva, pelas aulas recheadas de descobertas, encantamento e assombro.

Ao professor Celso Fernandes Campilongo, por me apresentar à Teoria dos Sistemas de Niklas Luhmann, o que possibilitou que, mesmo às sextas-feiras à noite, os gritos não fossem sufocados pelos ruídos.

Aos prestativos servidores da Biblioteca Dr. Nebrídio Negreiros, do Fórum Ruy Barbosa do Tribunal Regional do Trabalho da 2ª Região, em especial a Denise de Mello Alcantara da Silva.

A Hugo Maciel de Carvalho, por confirmar a máxima *pop* de que há certas coisas que o dinheiro não paga.

A Maria de Jesus Silva, d. Maria, mineira, aposentada, diarista, leonina, mais uma dentre tantas brasileiras, a quem agradeço em especial.

Sumário

PREFÁCIO — *Otávio Pinto e Silva* 9

INTRODUÇÃO 11
   1. Justificativa e importância do tema 11
   2. Delimitação do tema 14
   3. Método e técnicas de pesquisa 20

1. A DESPEDIDA COLETIVA E SEUS CARACTERES, PECULIARIDADES E DISTINÇÕES 21
   1.1 Conceito 21
      1.1.1 Motivo comum 27
      1.1.2 Natureza objetiva dos fatos ensejadores 28
      1.1.3 Objetivo comum: redução do quadro de empregados. Números e percentuais 31
      1.1.4 Lapso temporal 32
      1.1.5 Redimensionamento da empresa, extinção da empresa, encerramento de filiais nacionais ou internacionais, alteração do objeto social — tipologia 33
   1.2 Projeto de Lei n. 6.356/2005 (apensos os PL n. 5.232/09 e PL n. 5.353/09) e a busca de critérios objetivos para caracterização e regulamentação da despedida coletiva no Brasil 35
   1.3 Cláusulas normativas 37
   1.4 A atual lacuna legal (mas não jurídica) no tratamento da despedida coletiva 40

2. A DESPEDIDA COLETIVA E A CONVENÇÃO N. 158 DA ORGANIZAÇÃO INTERNACIONAL DO TRABALHO 45
   2.1 A hierarquia normativa dos tratados internacionais de direitos humanos 46
   2.2 Ratificação e denúncia da Convenção n. 158 da OIT. Efeitos 51

3. A DESPEDIDA COLETIVA NO BRASIL... 55
   3.1 Aspectos constitucionais 57
       3.1.1 Carga eficacial das normas constitucionais 57
       3.1.2 A dignidade da pessoa humana como princípio fundante da Constituição Federal e dos direitos trabalhistas.................... 64
       3.1.3 A função social da propriedade.. 67
       3.1.4 A eficácia irradiante dos direitos fundamentais e a "aplicação direta" prevista no § 1º do art. 5º da Constituição Federal. O alcance do inciso I do art. 7º da Constituição Federal.......... 72
   3.2 Aspectos infraconstitucionais.. 73
       3.2.1 Teoria geral dos contratos e as cláusulas gerais. A boa-fé objetiva e a vedação do abuso de direito 73
   3.3 Consequências da despedida coletiva inválida.............................. 85
   3.4 Procedimentos e participantes... 93
4. ESTUDOS DE CASO. AS DESPEDIDAS COLETIVAS PROMOVIDAS PELAS EMPRESAS EMBRAER E USIMINAS E O PAPEL DO PODER JUDICIÁRIO 97
   4.1 Breves considerações sobre o papel do juiz e do Poder Judiciário 97
   4.2 As decisões judiciais dos *hard cases* envolvendo as empresas Embraer e Usiminas... 102
       4.2.1 Embraer... 103
           4.2.1.1 Distinção entre as despedidas individual e coletiva 103
           4.2.1.2 Força normativa dos princípios constitucionais.. 104
           4.2.1.3 Eficácia normativa do art. 7º, I, da Constituição Federal.. 105
           4.2.1.4 Aplicabilidade de princípios dispostos no Código Civil.. 105
           4.2.1.5 Necessária prévia negociação coletiva................ 106
           4.2.1.6 Indenização compensatória pela dispensa abusiva 106
           4.2.1.7 Impossibilidade de reintegração......................... 107
       4.2.2 Usiminas 108

CONCLUSÕES... 113

REFERÊNCIAS BIBLIOGRÁFICAS 115

Prefácio

Recebi com satisfação o convite para apresentar a obra que Marcele Carine dos Praseres Soares traz ao conhecimento da sociedade, fruto de sua pesquisa de mestrado desenvolvida no programa de Pós-Graduação da Faculdade de Direito da Universidade de São Paulo (USP).

A dissertação foi conduzida sob a sempre competente orientação de meu querido colega de departamento, professor Paulo Eduardo de Oliveira, tendo sido defendida com brilhantismo perante banca examinadora por ele presidida (e da qual tive a honra de participar, ao lado da professora e desembargadora Ivani Contini Bramante).

Durante as aulas do curso comentei, certa feita, que o Brasil é uma terra de contrastes, aludindo à famosa obra do sociólogo francês Roger Bastide, publicada em 1954, após dezessete anos vividos em nosso país, quando lecionou na Faculdade de Filosofia, Letras e Ciências Humanas da USP. Ali, o professor aponta a peculiaridade de um país com dimensões continentais e que abriga diferentes populações, no qual convivem forças de antagonismo ao lado de forças de adaptação, vivenciando os conflitos em um jogo dos contrastes, numa realidade viva e em perpétua transformação, obrigando o sociólogo que quiser compreender o Brasil a, não raro, transformar-se em poeta.

Marcele estava em sala de aula quando, me referindo aos contrastes brasileiros, citei o exemplo do *jus postulandi* na Justiça do Trabalho e comparei a diferença entre a efetividade do acesso à Justiça em uma cidade como São Paulo, na qual são inúmeros os advogados, e outra no sertão das Alagoas, como Santana do Ipanema, em que dados estatísticos demonstravam que a maioria dos trabalhadores precisavam buscar sozinhos a tutela jurisdicional.

Naquele dia, fiquei sabendo que Marcele tinha nascido em Palmeiras dos Índios, mas vivido em Santana do Ipanema até os catorze anos de idade. Posteriormente, cursou a graduação em Direito na Universidade Federal de Alagoas, tendo sido assistente de juiz na 19ª Região, até ser aprovada em concurso público para a magistratura do trabalho na 2ª Região. Empossada, enfrentou com competência e destemor o imenso desafio da implantação do processo eletrônico na 2ª Vara do Trabalho de Itaquaquecetuba, bem como o de cursar o mestrado na Universidade de São Paulo.

E foi assim, com espírito desbravador, que Marcele escreveu suas reflexões sobre o dever de motivação na despedida coletiva, um tema instigante quando se sabe que inexistem disposições específicas no ordenamento jurídico brasileiro.

Foi com fundamento em princípios jurídicos, normas internacionais do trabalho e na interpretação da Constituição brasileira, então, que a pesquisadora chegou à conclusão de que a despedida coletiva é instituto distinto da despedida individual e, como tal, requer consequências jurídicas também diversas.

A pesquisa levou em conta extensa bibliografia composta por autores nacionais e estrangeiros, bem como o estudo de casos jurisprudenciais paradigmáticos envolvendo as empresas Embraer e Usiminas.

Marcele faz a defesa vigorosa da exigência, por parte do Poder Judiciário, de prévia negociação coletiva entre sindicatos e empresa para as despedidas coletivas, sustentando a responsabilidade social que ambos devem possuir no comando dos destinos dos empregados e da sociedade, numa manifestação da autodeterminação que todo e qualquer organismo que está disposto no cenário social deve ter e exercitar.

Desse modo, a autora aponta a necessidade da prévia negociação coletiva para a despedida de trabalhadores, mediante o exercício dos princípios da boa-fé objetiva, do dever de informação, de lealdade entre as partes, de forma a buscar a valorização do sindicato e o resgate de sua legitimidade social perante a comunidade e a classe trabalhadora. E conclui dizendo que o dever de motivação da despedida coletiva representa, assim, uma pequena parcela de um projeto maior: a valorização do trabalho humano.

A atenta leitura dessa obra, portanto, serve ao propósito de nos lembrar que o tratamento jurídico do tema da despedida coletiva de trabalhadores não pode deixar de levar em conta os objetivos fundamentais da República Federativa do Brasil, previstos no art. 3º de nossa Constituição: construir uma sociedade livre, justa e solidária; garantir o desenvolvimento nacional; erradicar a pobreza e a marginalização e reduzir as desigualdades sociais e regionais; promover o bem de todos, sem preconceitos de origem, raça, sexo, cor, idade e quaisquer outras formas de discriminação.

São Paulo, primavera de 2016.

Otávio Pinto e Silva
Professor Associado do Departamento de Direito do Trabalho e Seguridade Social
da Faculdade de Direito da Universidade de São Paulo (USP)

Introdução

> *Acreditar que o desemprego e a exclusão resultam de uma injustiça ou concluir, ao contrário, que são fruto de uma crise pela qual ninguém tem responsabilidade não é algo que dependa de uma percepção, de um sentimento ou de uma intuição, como o é no caso do sofrimento. A questão da justiça ou da injustiça implica antes de tudo a questão da responsabilidade pessoal: a responsabilidade de certos dirigentes e nossa responsabilidade pessoal estão ou não implicadas nessa adversidade?*[1]

1. JUSTIFICATIVA E IMPORTÂNCIA DO TEMA

As tímidas manifestações sobre a defesa do dever de motivação das despedidas coletivas pelo empregador, e, sobretudo, a quase unanimidade da jurisprudência, com honrosas exceções — que serão objeto de análise deste estudo —, em reconhecer caráter absoluto no "direito" potestativo do empregador de despedir o empregado sem justa causa, ainda que em contextos de despedidas coletivas, tornam a discussão da temática instigante e ainda mais urgente. Num contexto de globalização da economia e consequentes relocalizações de plantas industriais, o tema é até mesmo palpitante.

O sistema jurídico brasileiro não contempla regra que abarque a situação fática compreendida pela despedida coletiva. A complexidade da realidade econômica não foi antevista por nossos legisladores, de modo que, mais uma vez, os fatos se anteciparam à lei.

Contudo, nosso sistema jurídico, quando analisado em sua inteireza, permite a defesa da existência de normas que a amparem (a situação fática posta sob análise). A constatação de que não há regra específica ou regramento próprio prevendo o fato não o afasta da proteção do Direito, que deve buscar em seus princípios e normas carregadas de *sentido* as respostas mais robustas.

A questão ganha relevo quando se perquire sobre os limites do suposto poder potestativo do empregador ao decidir pôr término ao vínculo de emprego num país cuja rotatividade

---
(1) DEJOURS, Christophe. *A banalização da injustiça social*. 7. ed. Rio de Janeiro: Fundação Getúlio Vargas, 2013. p. 20.

de mão de obra ganha contornos tão consideráveis, como no Brasil, cuja taxa alcançou, em 2010, o índice de 53,8%.

De acordo com o estudo realizado, na década passada, a rotatividade apresentou elevadas taxas para o mercado de trabalho: 45,1%, em 2001; 43,6%, em 2004; 46,8, em 2007; 52,5%, em 2008, e 49,4%, em 2009. Considerando os últimos resultados disponíveis da Relação Anual de Informações Sociais (RAIS), a taxa de 2010 atingiu o patamar de 53,8%. Os resultados revelam significativa rotação anual dos postos de trabalho, medida em relação ao estoque médio de cada exercício da RAIS.[2]

Segundo dados fornecidos pelo Departamento Intersindical de Estatísticas e Estudos Econômicos — Dieese,[3] no ano de 2007, 14,3 milhões de trabalhadores foram admitidos e 12,7 milhões foram desligados das empresas, sendo que, do total de empregados desligados, 59,4%, ou 7,6 milhões, foram dispensados por meio de despedidas sem justa causa ou imotivada.

Neste final de milênio, em meio à busca por uma vida coletiva mais equilibrada e menos tensa, uma das principais preocupações da sociedade moderna tem sido a insegurança do empregado em relação ao seu futuro profissional, como resultado da crescente dificuldade em se assegurar a manutenção das relações empregatícias existentes do mercado de trabalho. Preocupação esta não apenas do próprio trabalhador hipossuficiente, merece ser salientado, mas igualmente de todos os que integram a coletividade, uma vez que o desemprego e a alta rotatividade da mão--de-obra são males sociais, não problemas individuais.[4]

Outro dado de inegável relevância se refere à constatação de que os salários dos trabalhadores admitidos no triênio 2005-2007 foram inferiores aos dos trabalhadores desligados. Os percentuais variam entre 11,42%, em 2005; 11,06%, em 2006, e 9,15%, em 2007, o que significa, embora em escala decrescente, que, no momento da contratação, os novos trabalhadores são, na maior parte, contratados com salários menores, o que implica redução gradual do salário médio.

Na comparação entre a trajetória da média anual do rendimento real mensal e o índice de rotatividade da mão-de-obra, observa-se uma possível relação negativa, especialmente no ano de 2005, que registrou tanto a elevação na taxa de rotatividade (6,4%) como a leve queda no rendimento real dos empregados do setor privado (0,5%).

---

(2) DEPARTAMENTO INTERSINDICAL DE ESTATÍSTICA E ESTUDOS SOCIOECONÔMICOS; BRASIL. Ministério do Trabalho e Emprego. *Rotatividade e Flexibilidade no Mercado de Trabalho*. São Paulo, 2011. Disponível em: <http://www.dieese.org.br/livro/2011/livroRotatividade11.pdf>. Acesso em: jun. 2013.
(3) DEPARTAMENTO INTERSINDICAL DE ESTATÍSTICA E ESTUDOS SOCIOECONÔMICOS. *Nota Técnica* n. 61, mar. 2008. Disponível em: <http://www.vigilantecntv.org.br/Dieese/ nota%20tecnica%2061%20-%20Ratificacao-Convencao158rev.pdf>.
(4) TEIXEIRA, Sergio Torres. *Proteção à relação de emprego*. São Paulo: LTr, 1996. p. 13.

Por força disso, o setor privado economizou a quantia média mensal real de R$ 674 milhões (R$ 8,8 bilhões somente em 2005). Sem o fenômeno da rotatividade no emprego formal, não apenas o rendimento real mensal poderia ser maior que o atualmente praticado como a participação da renda do trabalho na renda nacional poderia ter crescido.

Assim, compreende-se, mais uma vez, que a aceleração da rotatividade compromete o crescimento da taxa de salários do setor privado no país. Toda vez que uma empresa demite um funcionário de maior salário e contrata outro por remuneração menor, não há, em geral, elevação no rendimento do trabalho formal.[5]

Ainda que não haja dados específicos quanto ao número de empregados dispensados a partir das chamadas despedidas "em massa", na esfera nacional, dois casos concretos devem ser analisados.

Trata-se de despedidas coletivas promovidas no ano de 2009 pelas empresas Embraer e Usiminas, nas quais foram despedidos, respectivamente, 4.200 e 1.500 empregados, cujos dissídios coletivos foram examinados originariamente nos autos dos processos n. TST-RODC-309/2009-000-15-00.4 e TRT-SDC-200.57-2009.000-02.00.0. Essas duas despedidas coletivas correspondem ao número de empregados atingidos durante todo o ano de 2009 em Portugal, o que demonstra sua relevância quantitativa. Ademais, trata-se de casos paradigmáticos, a partir dos quais a jurisprudência passou a reagir de forma diferenciada, sobretudo quanto à exigência de prévia negociação com a entidade sindical da categoria profissional.

O Brasil ainda não possui dados oficiais sobre as despedidas coletivas, razão pela qual são trazidos a título de ilustração números advindos da estatística portuguesa.

Despedimentos coletivos em Portugal[6]
2012 — 1º trimestre de 2013

Trimestre	Processos (empresas)	Total de trabalhadores	Trabalhadores despedidos	Trabalhadores despedidos (em % do total)
1º 2012	245	18.683	2.004	10,7
2º 2012	233	18.747	2.403	12,8
3º 2012	272	13.933	3.006	21,6
4º 2012	379	31.192	3.763	12,1
1º 2013	304	19.969	3.126	15,7

De acordo com o Boletim Estatístico de maio de 2011, produzido pelo Gabinete de Estratégia e Planeamento do Ministério do Trabalho e da Solidariedade Social de Portugal,[7]

---

(5) POCHMANN, Marcio. *O emprego no desenvolvimento da nação.* São Paulo: Boitempo, 2008. p. 131.
(6) FUNDAÇÃO FRANCISCO MANUEL DOS SANTOS. Trabalho: despedimentos colectivos. In: *Conhecer a crise.* Disponível em: <http://www.conheceracrise.com/indicador/167/despedimentos-colectivos>. Acesso em: 26 fev. 2014.
(7) PORTUGAL. Ministério do Trabalho e da Solidariedade Social. Gabinete de Estratégia e Planeamento. Equipa de Estatísticas e Difusão de Indicadores. *Boletim Estatístico*, maio 2011. Disponível em: <http://www.gep.msess.gov.pt/estatistica/be/bemaio2011.pdf>. Acesso em: 26 fev. 2014.

que fraciona os processos de despedimentos coletivos nas regiões Norte, Centro, Lisboa e Vale do Tejo, Alentejo e Algarve, houve, no ano de 2009, em sua globalidade, 379 processos judiciais concluídos e 5.522 empregados despedidos, dos quais foram revogados, por meio de acordo, 208 despedimentos e, "por outras medidas", outros 49. Embora não haja esclarecimentos quanto ao significado de "outras medidas", quer-se crer que as revogações dos despedimentos foram promovidas por via judicial.

As consequências dessa avalanche de despedidas imotivadas na economia, no orçamento público, na previdência e na estabilidade financeira das famílias e da comunidade tornam o tema relevante, não só sob o ponto de vista científico, mas sobretudo social. Trata-se definitivamente de uma mazela a ser enfrentada.

> A dispensa coletiva, ao contrário da individual, cuja repercussão restringe-se aos reflexos na vida particular-social-moral-profissional do trabalhador dispensado, traz repercussões que ultrapassam a esfera particular dessas pessoas, podendo afetar a própria "ordem socioeconômica no mercado de trabalho, sobretudo quando o número de trabalhadores dispensados for significativo". Basta imaginar a demissão de milhares de trabalhadores de uma grande empresa, funcionando numa pequena municipalidade [o autor cita o caso da Embraer, localizada no município de São José dos Campos — SP], para se chegar à conclusão do abalo de toda economia de mercado desse local, considerando que parte razoável da população economicamente ativa perdeu sua fonte de subsistência.[8]

2. DELIMITAÇÃO DO TEMA

O tema que se propõe a desenvolver corresponde ao dever de motivação do empregador nas despedidas coletivas.

O trabalho está dividido em quatro tópicos principais.

A primeira parte do estudo tratará da distinção entre as despedidas individuais plúrimas e a despedida coletiva. Os caracteres próprios desta, quais sejam, o desligamento de número considerável de empregados em um curto lapso temporal e a existência de motivos de ordem econômica, financeira ou estrutural da empresa, cujo objetivo imediato é a redução do quadro de empregados, serão destacados, a fim de tornar clara a distinção. Busca-se firmar a conclusão de que se trata de situação diversa daquela tratada pelo ordenamento jurídico pátrio, que cuidou apenas dos efeitos da extinção dos contratos individuais de emprego. Não se anteviu a realidade de conflitos coletivos dessa natureza, como se tem verificado nesta quadra do século XXI.

O conceito é extraído da doutrina e do Direito comparado, já que o instituto ainda não foi regulamentado de forma típica e positiva no ordenamento jurídico brasileiro. Serão abordados critérios quantitativos e/ou qualitativos para configuração do instituto. "Os

---

(8) COSTA, Marcelo Freire Sampaio. Demissões em massa e atuação do Ministério Público do Trabalho. *Revista LTr — Legislação do Trabalho*. São Paulo: LTr. p. 824-831, v. 74, 2010. p. 828.

pressupostos do regime geral do Direito do Trabalho contemporâneo sobre a proteção da relação de emprego na despedida individual são insuficientes para fazer frente à gravidade do fenômeno da despedida coletiva."[9]

Tem-se que a dignidade da pessoa humana é o substrato dos direitos fundamentais e "o princípio mais relevante da nossa ordem jurídica, que lhe confere unidade de sentido e valor, devendo por isso condicionar e inspirar a exegese e aplicação de todo o direito vigente, público ou privado",[10] de modo que deve ser observada pelos entes privados nas relações de emprego, o que se justifica por ser uma relação sabidamente assimétrica.

A análise da dignidade humana do ser trabalhador remete ao estudo dos direitos fundamentais ou direitos humanos, a depender, respectivamente, do âmbito nacional ou internacional de sua abrangência. E, como tal, não se poderia silenciar sobre as normas internacionais de proteção à despedida coletiva — segunda parte do trabalho.

Não é sem propósito que a Organização Internacional do Trabalho, por meio da Convenção n. 158, dispõe que:

> 1. Quando o empregador prever términos da relação de trabalho por motivos econômicos, tecnológicos, estruturais ou análogos;
>
> a) Proporcionará aos representantes dos trabalhadores interessados, em tempo oportuno, a informação pertinente, incluindo os motivos dos términos previstos, o número e categorias dos trabalhadores que poderiam ser afetados pelos mesmos e o período durante o qual seriam efetuados esses términos:
>
> b) em conformidade com a legislação e a prática nacionais, oferecerá aos representantes dos trabalhadores interessados, o mais breve que for possível, uma oportunidade para realizarem consultas sobre as medidas que deverão ser adotadas para evitar ou limitar os términos e as medidas para atenuar as conseqüências adversas de todos os términos para os trabalhadores afetados, por exemplo, achando novos empregos para os mesmos. (art. 13)

No dizer de Amauri Mascaro Nascimento, de acordo com o citado dispositivo, às despedidas coletivas é dispensado tratamento diferenciado, sendo:

> [...] autorizadas nos casos de exigência econômica, mas precedidas de um período no qual se organizam todos os seus atos, visando à proteção do trabalhador, sua recolocação, preferências de admissão, ordem preferencial de dispensa, tendo em vista encargos familiares etc.[11]

A discussão sobre a "hierarquia" desses instrumentos internacionais no ordenamento jurídico ganha contornos renovados com os acirrados debates travados na Corte Constitucional do país. Há sinalização de mudança de paradigmas, ao se entender o direito

---

(9) PANCOTTI, José Antonio. Aspectos jurídicos das dispensas coletivas no Brasil. *Revista LTr — Legislação do Trabalho.* São Paulo: LTr, v. 74, 2010. p. 539.
(10) SARMENTO, Daniel. *Direitos fundamentais e relações privadas.* Rio de Janeiro: Lumen Juris, 2006. p. 86.
(11) NASCIMENTO, Amauri Mascaro. Crise econômica, despedimentos e alternativas para a manutenção dos empregos. *Revista LTr — Legislação do Trabalho.* São Paulo: LTr, v. 73, 2009. p. 12.

humano, incorporado ao Direito pátrio, como norma jurídica de hierarquia supralegal[12] (embora ainda não suficiente), e não somente legal.

Acompanha-se assim o entendimento exposto por Flávia Piovesan, no sentido de que os instrumentos internacionais que dispõem sobre direitos humanos, a exemplo daqueles que tratam de direitos trabalhistas, possuem *status* de norma constitucional.[13]

Nesse contexto, necessária a análise da ratificação da Convenção n. 158 da Organização Internacional do Trabalho — OIT e sua quase que instantânea denúncia. Ainda sob o aspecto constitucional, seria de se analisar se, com a ratificação, e consequente ingresso da norma no ordenamento pátrio, sua exclusão não significaria a extirpação de uma norma jurídica de cunho fundamental (enquadrada na classificação "direitos expressos nos tratados internacionais subscritos pelo Brasil", de Ingo Wolfgang Sarlet[14]) e, como tal, se encontraria óbice no princípio da vedação do retrocesso social e em afronta a cláusula pétrea.[15]

Independentemente da rerratificação do citado instrumento pelo Brasil ou da declaração de nulidade de sua denúncia, o que, sem sombra de dúvidas, significaria um formidável avanço rumo à imposição de limites aos excessos e abusos do poder econômico, em nossa perspectiva o Direito[16] pátrio, em sua atual conformação normativa, já permitiria, por si só, conclusão similar, o que será defendido ao longo do estudo.

Todo o trabalho parte da análise constitucional da proteção contra a despedida "em massa". O intento é de promover uma releitura do art. 7º, I, da Constituição Federal, sob a perspectiva de sua eficácia, à luz do § 1º do art. 5º. Invoca-se ainda a "força normativa" de nossa Carta Magna e o papel do Judiciário na concretização efetiva desses direitos fundamentais.

Desse modo, a terceira parte do estudo se propõe a analisar a carga eficacial de normas constitucionais que tratam do ser humano trabalhador, sobretudo aquelas que dispõem sobre o valor social do trabalho, a busca do pleno emprego e, com maior ênfase, o princípio da dignidade da pessoa humana e a função social da propriedade, defendendo-se que todas elas são dotadas de normatividade suficiente para aplicação pelo intérprete, seja diretamente ou quando se fazem incidir através de cláusulas gerais, como da boa-fé e da vedação do abuso de direito.

---

(12) Conforme entendimento exposto no voto do Ministro Gilmar Ferreira Mendes nos autos do RE 466.343-SP: "Por conseguinte, parece mais consistente a interpretação que atribui a característica de *supralegalidade aos tratados e convenções de direitos humanos*. Essa tese pugna pelo argumento de que os tratados sobre direitos humanos seriam infraconstitucionais, porém, diante de seu caráter especial em relação aos demais atos normativos internacionais, também seriam dotados de um atributo de *supralegalidade*. Em outros termos, os tratados sobre direitos humanos não poderiam afrontar a supremacia da Constituição, mas teriam lugar especial reservado no ordenamento jurídico. Equipará-los à legislação ordinária seria subestimar o seu valor especial no contexto do sistema de proteção dos direitos da pessoa humana." (BRASIL. Supremo Tribunal Federal. *Recurso Extraordinário n. 466.343-SP*. Rel. Min. Cezar Peluso. DJe 5 jun. 2008).
(13) PIOVESAN, Flávia. *Direitos Humanos e o Direito Constitucional Internacional*. 4. ed., São Paulo: Max Limonad, 2000.
(14) SARLET, Ingo Wolfgang. *A eficácia dos direitos fundamentais*: uma teoria geral dos direitos fundamentais na perspectiva constitucional. Porto Alegre: Livraria do Advogado, 2009. p. 71.
(15) Constituição Federal, art. 60, § 4º, inciso IV.
(16) Afinal, o Direito não estaria limitado à lei em sentido estrito, mas a todo o conjunto de normas, sobretudo normas-princípios, analogia, equidade, costume, Direito comparado.

Assim, sendo todas as normas constitucionais dotadas de eficácia limitada, de acordo com a conclusão a que chegou Virgílio Afonso da Silva,[17] é de se concluir que, se podem ser limitadas posteriormente pela ação legislativa, é porque desde já estão aptas a produzir efeitos, a nosso ver, não apenas no plano da eficácia dogmática, mas da efetividade social — ou seja, são aptas a promover a alteração no mundo dos fatos.

Ainda nesse capítulo, trata-se da "despatrimonialização"[18] do Direito Privado e de sua releitura a partir da Constituição Federal.

É em âmbito infraconstitucional, sobretudo no que tange aos princípios que regem os contratos, como as cláusulas gerais da boa-fé objetiva (art. 113 c/c art. 422, ambos do Código Civil) e da vedação do abuso de direito (art. 187 do Código Civil), que a incidência dos direitos fundamentais, nas relações jurídicas travadas entre particulares, se torna mais evidente.

A temática ganha importante defesa na hermenêutica do Código Civil, sobretudo no que tange aos princípios que regem, de uma forma geral, os contratos, tais como a boa-fé, a lealdade e a vedação do abuso de direito. O contrato de emprego, espécie do contrato de natureza civil, embora guarde suas particularidades, que inclusive justificam seu estudo à parte, deve ser regido também, de forma subsidiária, pela teoria geral dos contratos, da qual o referido diploma é seu maior expoente.

Aliás, apresenta-se:

> [...] imprescindível [a] comunicação entre estes universos normativos [eficácia irradiante dos direitos fundamentais e modelo de integração entre o Código Civil e a Constituição], cujos reflexos, certamente, serão percebidos em demandas jurisdicionais complexas, exatamente como aquelas envolvendo as demissões em massa, cujo resultado não depende apenas e tão somente da insuficiente operação silogística de encaixe do texto normativo ao fato. Especificamente, no sítio das lides laborais, tal irradiação acontece, primordialmente, por intermédio da dignidade da pessoa humana, valor social do trabalho, proteção à iniciativa empresarial e solidarismo.[19]

A cláusula geral da boa-fé objetiva atuaria como limite ao exercício do direito subjetivo do empregador porque este implicaria desequilíbrio entre os direitos envolvidos. Discorrendo sobre as possibilidades de incidência da cláusula da boa-fé objetiva nas relações de trabalho, Eduardo Milléo Baracat aduz que as despedidas coletivas constituem:

---

(17) SILVA, Virgílio Afonso da. *Direitos fundamentais*: conteúdo essencial, restrições e eficácia. São Paulo: Malheiros, 2010. p. 255.
(18) "Antes, prevalecia o *ter* sobre o *ser*, mas agora vai operar-se uma inversão, e o *ser* converter-se-á no elemento mais importante do binômio. Esta nova perspectiva provoca a necessidade de redefinição dos próprios direitos patrimoniais e institutos que lhes são correlatos, como a propriedade, a posse e o contrato, cuja tutela passará a sujeitar-se a novos condicionamentos, ligados a valores extrapatrimoniais sediados na Constituição. Despatrimonialização significa, portanto, o outro lado da moeda da personalização do Direito Privado." (SARMENTO, Daniel. *Op. cit.*, p. 91).
(19) COSTA, Marcelo Freire Sampaio. Demissões em massa... *Op. cit.*, p. 827.

[...] um campo enorme para a aplicação da regra referente ao exercício desequilibrado de direitos, à luz do princípio da boa-fé, pois o benefício decorrente das dispensas não pode ser desproporcional ao sacrifício imposto não apenas aos empregados, mas também à sociedade e à economia local.[20]

Cabe ao empregador demonstrar que sua conduta está pautada pela boa-fé objetiva, por meio da comprovação de que a despedida coletiva é medida imprescindível e que o benefício trazido à empresa não é desproporcional ao sacrifício imposto à coletividade de empregados e à própria sociedade. Fará isso pelo cumprimento de seu dever de informação, corolário da boa-fé objetiva.

A democratização da empresa passa, também, pela maior transparência de suas atividades e de seu desempenho econômico. É certo que alguns dados não devem ser divulgados sob pena de comprometimento da concorrência no mercado, mas os empregados têm o direito de saber sobre a saúde financeira de seu empregador, e sobre as potencialidades do empreendimento econômico no qual estão inseridos.[21]

A conduta da empresa que não se dispõe a partilhar das informações que embasariam a despedida coletiva, sem motivo justo, excede os limites do exercício lícito de seu direito, apresentando-se assim como um *exercício jurídico disfuncional*.[22]

A ilicitude prevista no art. 187 do Código Civil estaria, portanto, em descompasso com o exercício do direito do empregador de despedir diante da necessidade imposta pelo ordenamento jurídico pátrio de harmonizar as condutas humanas na busca do equilíbrio entre o exercício de liberdades, direitos e faculdades. A ilicitude não estaria caracterizada pela conduta dolosa do empregador, mas por ter extrapolado a finalidade social de seu direito. Ao direito de despedir corresponde o dever de informar à coletividade seus motivos. Ao dever de informação corresponde o direito da coletividade de empregados de conhecer a realidade em que está inserida e que foi responsável pela retirada de seu sustento.

Ressalva-se ainda que o direito à informação sobre os motivos invocados para embasar a despedida coletiva deve ser prévio, ou seja, deve-se possibilitar o conhecimento dos motivos elencados pelo empregador antes que este leve a cabo as despedidas, permitindo que os dados fornecidos sejam debatidos e estudados por sindicatos da categoria, Ministério Público do Trabalho e Ministério do Trabalho e Emprego, dentre outros.

Invoca-se um argumento lançado no início da apresentação do tema para corroborar este dever. Remete-se a um paralelo sobre a relação travada entre Poder Público e cidadãos. Assim como aquele, o empregador, pela função social que está constitucionalmente obrigado a exercer e pelo impacto econômico e social que sua conduta ocasionará com a despedida coletiva, está vinculado aos motivos que determinaram sua ação. Ou seja, os fatos alegados

---

(20) BARACAT, Eduardo Milléo. *A boa-fé no Direito Individual do Trabalho*. São Paulo: LTr, 2003. p. 206.
(21) ARAÚJO, Francisco Rossal de. *A boa-fé no contrato de emprego*. São Paulo: LTr, 1996. p. 250.
(22) MARTINS-COSTA, Judith. O exercício jurídico disfuncional e os contratos interempresariais: notas sobre os critérios do art. 187 do Código Civil. *Revista do Advogado*. São Paulo, v. 96, 2008.

integram a validade do ato. É a chamada "teoria dos motivos determinantes", aplicada, ordinariamente, pelo Direito Administrativo.

Dessa forma, em analogia com a teoria dos motivos determinantes, cita-se Celso Antônio Bandeira de Mello:

> Sendo assim, a invocação de "motivos de fato" falsos, inexistentes ou incorretamente qualificados vicia o ato mesmo quando, conforme já se disse, a lei não haja estabelecido, antecipadamente, os motivos que ensejariam a prática do ato. Uma vez enunciados pelo agente os motivos em que se calçou, ainda quando a lei não haja expressamente imposto a obrigação de enunciá-los, o ato só será válido se estes realmente ocorreram e o justificavam.[23]

Partir-se do pressuposto de que o empregador tem o dever constitucional de motivar o ato que implique em rompimento simultâneo de uma série de contratos de emprego leva à indagação sobre as consequências do ato jurídico que, a contrário senso, desrespeita tal comando. O estudo, então, nos levaria, necessariamente, à "teoria do fato jurídico",[24] especificamente no que se refere aos seus planos de validade e eficácia.

Quando se fala em vedação à despedida arbitrária ou sem justa causa, muito se debate sobre a chamada *estabilidade* no emprego e logo se apresentam os defensores mais ferrenhos de sua inexistência como regra do sistema jurídico atual. Contudo, tal entendimento parte de premissas equivocadas.

O que se defende é o dever de motivação das despedidas "em massa", e não, necessariamente, a estabilidade no emprego, pura e simplesmente. A reintegração do empregado ao posto de trabalho, ou o pagamento da indenização correspondente, seriam o reflexo natural da declaração de nulidade daquele ato, embora ambas as decisões judiciais já referidas tenham sinalizado no sentido de concessão de indenização pecuniária,[25] tão somente.

Logo, o dever de motivação do ato da despedida constitui obrigação autônoma que, se obedecida, não implicaria qualquer óbice à extinção contratual.

A teoria das nulidades dos atos nos diz que, em sendo possível e recomendável, buscar-se-á, prioritariamente, o restabelecimento dos fatos ao estado verificado antes do advento da prática de ato contrário à ordem jurídica. Logo, o dever de motivação do ato da despedida coletiva constitui obrigação autônoma que, se obedecida (e comprovada judicialmente, em sendo contestada), não implicará qualquer óbice à extinção contratual.

Contudo, para exercício válido desse direito, o empregador deve expor os fatos ou justificativas que levaram ao rompimento dos contratos, e estará a esta motivação

---

(23) BANDEIRA DE MELLO, Celso Antônio. *Curso de Direito Administrativo*. São Paulo: Malheiros, 2003. p. 370.
(24) MELLO, Marcos Bernardes de. *Teoria do fato jurídico*: plano da existência, plano da validade e plano da eficácia. São Paulo: Saraiva, 2010.
(25) "A ser medida pela extensão do dano causado aos trabalhadores despedidos, a teor do art. 944 do diploma civil" (ALMEIDA, Renato Rua. Subsiste no Brasil o direito potestativo do empregador nas despedidas em massa? *Revista LTr — Legislação do Trabalho*. São Paulo: LTr, v. 73, 2009. p. 392).

estritamente vinculado, eis que a validade de seu ato estará condicionada à real comprovação dos motivos expostos.

Em outros termos, significa uma das vertentes de implantação de compromissos éticos, juridicamente exigíveis, na relação capital-trabalho.

Por fim, no último capítulo, proceder-se-á ao estudo de casos de despedidas coletivas que chegaram aos nossos tribunais, bem como se discutirá sobre o papel do Poder Judiciário na promoção da efetividade dos direitos trabalhistas.

3. MÉTODO E TÉCNICAS DE PESQUISA

O estudo tem por base a pesquisa bibliográfica nacional e estrangeira e o estudo de casos jurisprudenciais.

Os autores pátrios que tratam especificamente do tema são raros, o que demandará um esforço maior para a construção do raciocínio defendido. Assim, mais que a compilação de entendimentos e o posicionamento diante de um deles, o trabalho se propõe como inovador, o que, por certo, o fará sujeitar-se a uma gama maior de questionamentos e críticas.

Porém, o objetivo é exatamente este: fomentar a discussão e, por meio dela, buscar o aprimoramento do tratamento jurídico às despedidas coletivas.

Também serão objeto de análise jurisprudências que representaram o marco de um novo despertar sobre o tema e que atuaram como fonte de inspiração para um estudo mais detido e cuidadoso.

1
A despedida coletiva e seus caracteres, peculiaridades e distinções

> *A experiência e a tradição ensinam que toda cultura só absorve, assimila e elabora em geral os traços de outras culturas, quando estes encontram uma possibilidade de ajuste aos seus quadros de vida.*[26]

1.1 CONCEITO

Não há no ordenamento jurídico pátrio qualquer norma que trate da conceituação ou caracterização da despedida coletiva, tampouco de eventuais limites ou procedimentos a serem adotados para sua regularidade. Há tão somente notícia da existência de duas portarias ministeriais, do Ministério do Trabalho e Emprego, que lhe fazem menção: Portaria MTb n. 3.219/87 e MTPS/SNT n. 01/92.

De acordo com a primeira:

> Cabia ao Ministério do Trabalho, em caso de possibilidade de demissão coletiva, apresentar soluções alternativas, tais como: propor redução da jornada, nos termos da Lei n. 4.923/65; antecipação das férias; concessão de férias coletivas. Sendo inevitável a dispensa, estabelecia critérios a serem observados, levando-se em conta a seguinte ordem: adesão voluntária; solteiros com menor tempo de serviço; aposentados; aposentáveis, ou seja, aqueles em condição de obter a aposentadoria. Além disso, cabia às empresas manter a assistência médica dos demitidos, por um determinado período.[27]

---

(26) HOLANDA, Sérgio Buarque de. *Raízes do Brasil*. 26. ed. São Paulo: Companhia das Letras, 2013. p. 40.
(27) MANNRICH, Nelson. *Dispensa coletiva*: da liberdade contratual à responsabilidade social. São Paulo: LTr, 2000. p. 473.

Já a segunda trata basicamente da fiscalização nas empresas que despediram ou poderiam despedir coletivamente.

Os elementos trazidos à consideração neste trabalho, dessa forma, são emprestados do Direito comparado, sobretudo de países componentes da Comunidade Europeia, que, em geral, regulamentam a despedida coletiva a partir de um *critério numérico* (quando determinado número de empregados despedidos for alcançado, ou ainda um percentual incidente sobre a coletividade dos empregados), *causal* (quando sua caracterização depende dos motivos ensejadores da despedida), geralmente conjugados com o aspecto *temporal*, o que quer dizer que as despedidas devem ocorrer em determinado período.

De acordo com o art. 1.1 da Diretiva n. 75/129/CEE, despedida coletiva é aquela:

> efetuada por um empresário, por um ou vários motivos não inerentes à pessoa do trabalhador, quando o número de dispensas no período de trinta dias corresponda a:
>
> a) Dez empregados, cujo centro de trabalho empregue, habitualmente entre vinte e cem trabalhadores;
>
> b) Dez por cento do número de empregados, nos centros de trabalho que empreguem habitualmente entre cem e trezentos trabalhadores;
>
> c) Trinta empregados nos centros de trabalho que empreguem habitualmente o mínimo de trezentos trabalhadores;
>
> d) Ou vinte empregados, seja qual for o número de trabalhadores habitualmente empregados nos centros de trabalho afetados, desde que a dispensa se verifique dentro de um período de noventa dias.[28]

Segundo Nelson Mannrich,[29] o modelo francês de despedida coletiva é caracterizado pela concepção de motivo econômico. Logo, a despedida coletiva seria aquela:

> efetuada por um empregador, por um ou vários motivos, não inerentes à pessoa do empregado, resultante da supressão ou transformação do emprego ou de modificação substancial do contrato de trabalho, como consequências notórias de dificuldades econômicas ou de transformações tecnológicas.[30]

Já no art. 51 do Estatuto Espanhol do Trabalhador:

> entender-se-á por dispensa coletiva a extinção de contratos de trabalho fundada em causas econômicas, técnicas, organizativas ou de produção quando, em um período de noventa dias, a extinção afete pelo menos: — dez trabalhadores, nas empresas que ocupem menos de cem trabalhadores; — 10% dos trabalhadores naquelas empresas que ocupem entre cem e trezentos trabalhadores; — trinta trabalhadores nas empresas que ocupem trezentos ou mais trabalhadores.

---

(28) EUROPA. Conselho das Comunidades Europeias. *Directiva n. 75/129/CEE*, 17 fev. 1975. Jornal Oficial n. L 048, 22 fev. 1975. p. 29-30. Disponível em <http://eur-lex.europa.eu/LexUriServ/ LexUriServ.do?uri=CELEX:31975L0129:PT:HTML>. Acesso em: 27 mar. 2013.
(29) MANNRICH, Nelson. *Op. cit.*, p. 74.
(30) Art. L. 321-1 do CT.

De acordo com a Lei n. 7/2009, que promoveu a revisão do Código do Trabalho português, especificamente no art. 359º, I:

> considera-se despedimento coletivo a cessação de contratos de trabalho promovida pelo empregador e operada simultânea ou sucessivamente no período de três meses, abrangendo, pelo menos, dois ou cinco trabalhadores, conforme se trate, respectivamente, de microempresa ou de pequena empresa, por um lado, ou de média ou grande empresa, por outro, sempre que aquela ocorrência se fundamente em encerramento de uma ou várias secções ou estrutura equivalente ou redução do número de trabalhadores determinada por motivos de mercado, estruturais ou tecnológicos.

Pela identidade de idioma e por ser um dos países europeus que tratam do tema de forma extensa, minuciosa, e que privilegia a proteção da parte hipossuficiente, a legislação de Portugal se sobressairá durante a proposição deste trabalho, cujo intento é o de, não só conceituar a despedida coletiva, mas propor parâmetros mínimos para sua funcionalidade no Brasil.

Despedida coletiva, dessa forma, seria aquela em que determinado número ou percentual de empregados é dispensado, num lapso temporal específico, por razões não relacionadas à pessoa do empregado, mas sim por um motivo objetivo comum, sem que haja previsão de substituição ou recontratação de pessoal.

O Tribunal Superior do Trabalho, no julgamento do Recurso Ordinário n. TST-RO-147-64.2012.5.15.0000, esboçou as primeiras linhas sobre o conceito de despedida coletiva, afirmando que é:

> aquela em que ocorre a rescisão simultânea, por motivo único, de uma pluralidade de contratos de trabalho numa empresa, sem a substituição dos empregados dispensados, ou seja, a demissão em massa ocorre quando há motivos prejudiciais e econômicos que alteram a estrutura do negócio.[31]

A 8ª Turma do Tribunal Regional do Trabalho da 1ª Região assim se posicionou nos autos da Ação Civil Pública n. 0001618-39.2012.5.01.0023:

> Ante o exposto, não restam dúvidas de que a noção de dispensa coletiva não há de ser equiparada a um feixe de dispensas individuais — dispensa plúrima, portanto — e que sua caracterização perpassa, necessariamente, pela configuração dos seguintes fatos:
>
> 1. Nexo causal comum, desvinculado de subjetividade em relação aos trabalhadores envolvidos;
>
> 2. Necessidade empresarial, decorrente de motivos de ordem econômica, tecnológica, estrutural ou análoga;
>
> 3. Quantitativo de trabalhadores envolvidos;
>
> 4. Lapso temporal da ocorrência dos atos demissionários; e
>
> 5. Efetiva intenção empresarial de redução do quadro de pessoal.[32]

---

(31) BRASIL. Tribunal Superior do Trabalho. *Recurso Ordinário n. 147-67.2012.5.15.0000*. Rel. Min. Maria de Assis Calsing.
(32) BRASIL. Tribunal Regional do Trabalho da 1ª Região. *Ação Civil Pública n. 0001618-39.2012.5.01.0023*.

Citando Orlando Gomes, José Antonio Pancotti dispõe que despedida coletiva "é a rescisão simultânea por motivo único, de uma pluralidade de contratos de trabalho numa empresa, sem substituição dos empregados despedidos".[33]

Ainda segundo Orlando Gomes:

> Dispensa coletiva é a rescisão simultânea, por motivo único, de uma pluralidade de contratos de trabalho numa empresa, sem substituição dos empregados dispensados. [...] O empregador, compelido a dispensar certo número de empregados, não se propõe a despedir determinados trabalhadores, senão aqueles que não podem continuar no emprego. Tomando a medida de dispensar uma pluralidade de empregados não visa o empregador a pessoas concretas, mas a um grupo de trabalhadores identificáveis apenas por traços não-pessoais, como a lotação em certa seção ou departamento, a qualificação profissional, ou o tempo de serviço. A causa da dispensa é comum a todos, não se prendendo ao comportamento de nenhum deles, mas a uma necessidade da empresa.[34]

Nos ordenamentos jurídicos português e espanhol, a despedida coletiva é caracterizada pelo *redimensionamento* da empresa, logo, diferenciando-se da despedida ocorrida quando da extinção total e definitiva do empreendimento econômico.[35] Para os fins deste trabalho, a despedida coletiva se configura nas duas situações mencionadas, ou seja, o dever de motivação do empregador surge tanto quando a empresa é extinta como quando é tão somente redimensionada. Em Portugal e Espanha, os procedimentos adotados para o desligamento dos empregados, nas duas situações, são similares, por força dos art. 346, 3, do Código do Trabalho e art. 49, 1, *g*, do Estatuto do Trabalhador, respectivamente. Contudo, a conceituação de despedimento coletivo é um tanto quanto restrita.

Uma questão que surge quando se trata do que se entende por empregador é a figura trabalhista do grupo econômico, entendido como:

> [...] resultante da vinculação justrabalhista que se forma entre dois ou mais entes favorecidas direta ou indiretamente pelo mesmo contrato de trabalho, em decorrência de existir entre esses entes laços de direção ou coordenação em face de atividades industriais, comerciais, financeiras, agroindustriais ou de qualquer outra natureza econômica.[36]

Não se nega em qualquer momento, ao contrário, afirma-se durante toda a exposição, que a opção da narradora é por privilegiar entendimentos que promovam, em maior grau

---

(33) PANCOTTI, José Antonio. *Op. cit.*, p. 534.
(34) GOMES, Orlando. *Dispensa coletiva na reestruturação da empresa*: aspectos jurídicos do desemprego tecnológico. São Paulo: LTr, 1974. p. 575, *apud* ROCHA, Cláudio Jannoti da. Reflexões sobre a dispensa coletiva brasileira. *Revista do Tribunal Regional do Trabalho da 3ª Região*. Belo Horizonte, v. 51, n. 81. p. 219-228, jan./jun. 2010. Disponível em: <www.trt3.jus.br/escola/download/revista/rev_81/ claudio_jannotti_da_rocha.pdf>.
(35) XAVIER, Bernardo da Gama Lobo. *O despedimento colectivo no dimensionamento da empresa*. Lisboa: Verbo, 2000. p. 416-417.
(36) DELGADO, Maurício Godinho. *Curso de Direito do Trabalho*. 7. ed. São Paulo: LTr, 2008. p. 399.

possível, a defesa e a proteção da classe trabalhadora. Assim, nesse pensamento, o que se propõe é que, em caso de encerramento de um das empresas coirmãs componentes do grupo econômico, que são, para todos os fins do Direito do Trabalho, empregadoras, as demais deverão absorver o conjunto de empregados da empresa extinta.

A situação poderia nos levar a incongruências: se a empresa extinta fosse considerada em sua individualidade, sua extinção faria com que se afastasse o tratamento dispensado às despedidas coletivas, pelo menos inicialmente, embora não seja isso que se defenda (seção 1.1.5); se a empresa for considerada como membro do grupo, sendo este entendido como empregador, o número de empregados poderia se diluir no número total de empregados do grupo, o que também descaracterizaria a despedida coletiva.

O que se propõe, portanto, é uma conjugação de elementos, sempre de modo a privilegiar a proteção do emprego: que a despedida promovida em uma empresa componente de grupo econômico possa ser considerada coletiva tanto com a empresa individualmente considerada (número ou percentual de empregados do empreendimento "solitário") quanto no caso de haver extinção da empresa (passando o parâmetro a ser a globalidade dos empregados do grupo).

O mesmo raciocínio se utiliza quando os despedimentos ocorrem em razão da realocação das plantas industriais, sucessões trabalhistas ou em fusões e incorporações. Nesse sentido é a decisão do Tribunal Superior do Trabalho:

> O fato de, no caso concreto, a despedida coletiva resultar do fechamento da unidade industrial não é suficiente para distingui-lo das hipóteses versadas nos precedentes jurisprudenciais citados [*leading case* Embraer]. A obrigatoriedade de o empregador buscar a negociação com o representante sindical da classe profissional tem como premissa encontrar soluções negociadas que minimizem os impactos e prejuízos econômicos e sociais que essa medida extrema acarretará para os trabalhadores, em primeiro plano, e para a comunidade, em plano mais amplo.
>
> Aliás, o encerramento da unidade fabril mostra-se bem mais prejudicial que o simples corte massivo dos postos de trabalho, pois atinge de forma mais drástica não apenas os trabalhadores envolvidos como, também, a comunidade local.
>
> Note-se que a suscitada tinha pleno conhecimento dos reflexos danosos da dispensa massiva sobre a coletividade dos trabalhadores e a comunidade local e até mesmo na economia estadual, pois, conforme admite, o seu próprio Presidente comunicou ao Governo do Estado da Bahia o fechamento da unidade industrial, com a dispensa de todos os empregados, bem como, espontaneamente, concedeu alguns benefícios aos empregados despedidos.
>
> Acresce salientar que o encerramento da unidade industrial de Aratu-BA se deu, como esclarece a recorrente, por questões de estratégia empresarial, ou seja, a empresa não deixou de existir, todavia entendeu conveniente transferir e centrar a produção em outra(s) unidade(s) e, assim, encerrar o estabelecimento localizado em Aratu-BA, como forma de reduzir os seus custos de produção.[37]

A falta de uma conceituação legal ou doutrinária não é empecilho a que se reconheça que a despedida coletiva é diferente e merece ter tratamento distinto da despedida individual,

---

(37) BRASIL. Tribunal Superior do Trabalho. *Recurso Ordinário n. 6-61.2011.5.05.0000*, SDC, Rel. Min. Walmir Oliveira da Costa. p. 22 fev. 2013.

apesar de opiniões em contrário.⁽³⁸⁾ É questão que chega a ser intuitiva, principalmente quando se analisam os efeitos nefastos para o conjunto de trabalhadores despedidos, suas famílias e toda a coletividade direta ou indiretamente afetada.⁽³⁹⁾

> Ocorre que a dispensa coletiva não está adstrita a esfera individual da relação de emprego, mas diz respeito a um direito essencialmente coletivo, afeto não só aos trabalhadores individualmente considerados, mas a toda a comunidade ao qual está inserido, às diversas famílias que perdem sua fonte de sustento, ao verdadeiro problema social que o desemprego causa. A corrente que defende o direito de rescindir centenas de contratos de trabalho sem qualquer restrição não observa a magnitude da questão, que a retira da esfera eminentemente privada e individualizada do contrato de trabalho remetendo-a à pública ou difusa e coletiva.
>
> A denúncia vazia de um contrato de emprego é aceita tendo em vista a ausência de regulamentação do art. 7, I, da CF e pela duvidosa validade da denúncia da Convenção 158 da OIT pelo Brasil. Mas, além disso, a dispensa individual rege-se pelo também Direito Individual do Trabalho, não obrigando o empregador, até então, a motivar a dispensa.
>
> Por outro lado, as dispensas em massa são regidas pelo Direito Coletivo do Trabalho, que possui normas de ordem pública, na medida em que diz respeito a direitos que extravasam a esfera meramente individual, ou seja, interesses coletivos e difusos, pois atingem simultaneamente grupos de trabalhadores e toda a sociedade indiretamente.⁽⁴⁰⁾

A inexistência de uma conceituação precisa quanto a seus elementos e efeitos não pode ser fundamento para que esse fato jurídico permaneça invisível à sociedade e ao Poder Judiciário, eis que deste se espera, sempre, uma resposta à altura dos anseios sociais, sobretudo porque, nos termos do art. 8º da Consolidação das Leis do Trabalho — CLT:

> na falta de disposições legais ou contratuais, decidirão, conforme o caso, pela jurisprudência, por analogia, por eqüidade e outros princípios e normas gerais de direito, principalmente do direito do trabalho, e, ainda, de acordo com os usos e costumes, o direito comparado, *mas sempre de maneira que nenhum interesse de classe ou particular prevaleça sobre o interesse público*. (grifei)

---

(38) "Não existe previsão legal no sentido de que a empresa tenha de motivar as demissões para fazer despedidas coletivas. Se as dispensas coletivas não são proibidas, elas são permitidas." (MARTINS, Sergio Pinto. *Despedida coletiva*. Disponível em: <http://www.editoramagister.com/doutrina_ler.php?id=614>).
(39) "Entretanto, a liberdade do empregador para praticar a demissão individual não pode ser estendida para a prática da dispensa coletiva, em razão das naturais consequências do seu ato para uma coletividade de pessoas, com repercussões sociais severas." (PANCOTTI, José Antonio. Op. cit. p. 534).
(40) TEODORO, Maria Cecília Máximo; SILVA, Aarão Miranda da. A imprescindibilidade da negociação coletiva nas demissões em massa e a limitação de conteúdo constitucionalmente imposta. Âmbito Jurídico. Rio Grande, v. 12, n. 64, maio 2009. Disponível em: <http://www.ambito-juridico.com.br/site/ index.php?n_link=revista_artigos_leitura&artigo_id=6082>.

Mais importante, talvez, que se chegar a uma definição do fenômeno que se estuda, seja perceber que se trata de instituto jurídico diverso da despedida individual,[41] e, a partir dessa conclusão, buscar alternativas para fornecer uma resposta também distinta e proporcional a sua importância.

Se o desemprego é um mal que todos reconhecem e proclamam, acaso deve o Judiciário cruzar os braços e omitir-se ante a injustiça social que se perpetra? Aqui é plena a incidência do art. 5º, da Lei de Introdução ao Código Civil: na aplicação da lei, o juiz atenderá aos fins sociais a que ela se dirige e às exigências do bem comum.[42]

O que não se admite é a solução simplista de igualá-las (a despedida coletiva à individual) e de relegar à despedida coletiva a consequência jurídica ineficaz e infértil, que se traduz, simplesmente, no pagamento de verbas rescisórias e na cristalização do ideário de que limites só são válidos para desvalidos, mas não para aqueles que, esquecidos do papel social que são obrigados constitucionalmente a cumprir, tornam-se senhores dos destinos da massa trabalhadora e, por conseguinte, dos rumos da sociedade.

Desproteger a relação de emprego e liberar a dispensa é desfigurar o Direito do Trabalho e esvaziar-lhe a função social, transformando-o num mero contrato, que pode ser rescindido segundo a motivação do empregador, sem qualquer consideração ao elemento social e protetor que sempre caracterizou a essência das relações de trabalho desde a Revolução Industrial.[43]

Os requisitos componentes da conceituação da despedida coletiva serão a seguir detalhados.

1.1.1 Motivo comum

Esse é o elemento inicial e basilar que diferencia as despedidas coletivas das despedidas plúrimas.

As dispensas coletivas diferem das despedidas individuais plúrimas, porque naquelas "a causa é *única* e o propósito é a *redução do quadro de pessoal da*

---

(41) Como já reconhecido pelo Tribunal Superior do Trabalho, no voto do Ministro Mauricio Godinho Delgado, vencido, nos autos do processo TST-RODC-309/2009-000-15-00: "Os eventos da dispensa coletiva e da dispensa individual de trabalhadores de certa empresa não poderiam obedecer a outra lógica. A dispensa coletiva, embora não esteja tipificada explícita e minuciosamente em lei, corresponde a fato econômico, social e jurídico diverso da despedida individual, pela acentuação da lesão provocada e pelo alargamento de seus efeitos, que deixam de ser restritos a alguns trabalhadores e suas famílias, atingindo, além das pessoas envolvidas, toda a comunidade empresarial, trabalhista, citadina e até mesmo regional, abalando, ainda, o mercado econômico interno. *É um fato manifestamente diferente da dispensa individual.*" (BRASIL. Tribunal Superior do Trabalho. *Recurso Ordinário em Dissídio Coletivo n. 309/2009-000-15-00.4*. Original grifado).
(42) SILVA, Antônio Álvares da. Dispensa coletiva e seu controle pelo Judiciário. *Revista LTr — Legislação do Trabalho*. São Paulo: LTr, v. 73. p. 650-670, jun. 2009. p. 662.
(43) SILVA, Antônio Álvares da. Dispensa coletiva... *Op. cit.*, p. 632.

empresa", ao passo que na dispensa individual plúrima "para cada demitido, pode haver causa diferente e normalmente tem o propósito de substituição do demitido por outro empregado".[44]

Entre ambas, há em comum a despedida de um elevado número de empregados, num determinado lapso temporal. Os motivos ensejadores desse ato patronal, no entanto, são diversos, já que nas despedidas plúrimas as razões estão relacionadas à pessoa do empregado ou à sua conduta, o que significa dizer que, para cada um dos empregados, o motivo para rescisão contratual pode ser único e particular, enquanto que nas despedidas coletivas o motivo é sempre compartilhado e relacionado à conjuntura econômica, financeira ou organizacional da empresa.

O termo *dispensa coletiva* refere-se à rescisão contratual de mais de um empregado, motivada por razões econômicas e empresariais. Não se confunde com a dispensa plúrima. A diferença entre ambas está no motivo: quando a dispensa decorrer da mesma causa, englobando e compreendendo todos os empregados, é coletiva; quando os motivos foram distintos, é plúrima.[45]

Isso não quer dizer que a despedida plúrima não possa ser embasada em motivos econômicos (uma vez que outro critério cumulativo para distingui-las reside no objetivo da rescisão), mas o inverso jamais pode se dar, ou seja, a despedida coletiva não pode estar relacionada a motivos pessoais. "A despedida isolada de um empregado pode ter um motivo econômico, já a coletiva necessariamente o tem... Despedida coletiva é despedida de vários empregados por um mesmo motivo; assim não pode haver despedidas coletivas por motivos pessoais."[46]

As despedidas plúrimas não deixam de ser individuais, já que o número considerável de empregados por ela afetados é tão somente acidental. Os motivos ensejadores desta despedida podem se apresentar sob os mais diferentes matizes, sejam de cunho pessoal ou econômico, e o objetivo dela não é permitir que a empresa ganhe novos contornos, desta feita reduzidos, para continuar operando, mas sim substituir essas coletividades de empregados por outros.

1.1.2 Natureza objetiva dos fatos ensejadores

A despedida coletiva, ao contrário da despedida individual, que pode ter por motivo desde o comportamento do empregado a dificuldades financeiras do empregador, é caracterizada pela objetividade de seus fundamentos, eis que justificativas de cunho pessoal não guardam com ela pertinência. Os fatos ensejadores da despedida coletiva estão sempre relacionados a questões que suplantam o relacionamento interpessoal empregado/empregador e se referem a questões de ordem econômica, seja pelo advento de crise financeira, transformações tecnológicas ou alterações contundentes no mercado produtor/consumidor.

---

(44) PANCOTTI, José Antonio. *Op. cit.*, p. 534.
(45) MANNRICH, Nelson. *Op. cit.*, p. 198.
(46) COUTURIER, Gérard. *Droit du Travail*: les relations individuelles de travail. 2. ed. Paris: Presses Universitaires de France, 1994. p. 257, *apud* MANNRICH, Nelson. *Op. cit.*, p. 74.

[...] afigura-se que aquilo que o legislador considera motivos tecnológicos e estruturais [alíneas "b" e "c" do art. 359º] corresponde igualmente a motivos econômicos. Ou seja, as perturbações tecnológicas ou estruturais, para que tenham relevo para o problema do despedimento, têm necessariamente que ter expressão econômica, têm de se reflectir na rendibilidade privada ou social dos recursos utilizados. Mesmo na esfera da intervenção pública, onde se produzem bens públicos fora dos mecanismos de mercado, creio manter-se essencialmente válida esta ilação. Porque também aí se porá o problema econômico da rendibilidade social dos recursos escassos canalizados pelo sector público.

Por sua vez a contraposição entre motivos tecnológicos e motivos estruturais (art. 16º e art. 26º) também não se afigura apropriada, porque os motivos tecnológicos, e em particular os enunciados na Lei (alterações nas técnicas ou processos de fabrico ou automatização dos equipamentos de produção etc.), são essencialmente perturbações estruturais, desligadas das flutuações cíclicas de natureza conjuntural.[47]

É essa a ideia que se extrai da Convenção n. 158 da Organização Internacional do Trabalho, que não conceitua a despedida coletiva, mas a relaciona com motivos econômicos, tecnológicos, estruturais e análogos (Parte III).

Já a Diretiva n. 75/129/CEE da Comunidade Europeia conceitua a despedida coletiva como aquela ocasionada "por um ou vários motivos não inerentes à pessoa do trabalhador" (art. 1.1.). De acordo com Goerlich Peset:

a referência a motivos *não inerentes à pessoa do trabalhador* implica inclusão de outros tipos de extinção, relacionadas com a pessoa do empresário, como morte, aposentadoria ou incapacidade, extinção da pessoa jurídica, entre outras hipóteses, inclusive a de força maior.[48]

Os modelos francês[49] ("resultante da supressão ou transformação do emprego ou de modificação substancial do contrato de trabalho, como consequências notórias de dificuldades econômicas ou de transformações tecnológicas", art. L. 321-1 do CT),

---

(47) XAVIER, Bernardo da Gama Lobo. *Op. cit.*, p. 413.
(48) GOERLICH PESET, José M. Informe técnico-jurídico sobre los despidos colectivos em la Europa comunitária. In: BORRADO DA CRUZ, Efren (Dir.). *La reforma del mercado de trabajo*: libertad de empresa y relaciones laborales. Madri: Atualidad, 1993. p. 839-842. p. 843, *apud* MANNRICH, Nelson. *Op. cit.*, p. 225.
(49) "O conceito de despedimento por causa econômica cobre as rupturas efectuadas pelo empregador por motivos não inerentes à pessoa do trabalhador resultantes da supressão ou da transformação do posto de trabalho, claramente consecutivas a dificuldades econômicas ou a mudanças tecnológicas. Ao despedimento patronal é equiparado o que resulta do contrato, solicitada pelo empregador e emergente de causa econômica.No Direito francês, distingue-se o despedimento individual por causa econômica, que segue um procedimento semelhante ao geral já descrito, do que corresponde ao nosso despedimento colectivo [sistema português]. Este último poderá seguir as seguintes espécies: *petit licenciement*, de 2 a 9 trabalhadores num período de 30 dias, e o *grand licenciement*, de 10 ou mais trabalhadores nesse período. [...] Outras situações de cessação colectiva não são propriamente equiparáveis a despedimento colectivo. Assim, por exemplo, no encerramento por força maior, o empregador nada tem a pagar. Os casos em que termina uma obra (*v. g.*, um *chantier*) têm também um regime especial. A falência merece igualmente um regime específico." (XAVIER, Bernardo da Gama Lobo. *Op. cit.*, p. 216-217).

espanhol ("fundada em causas econômicas, técnicas, organizativas ou de produção", art. 51 do Estatuto do Trabalhador) e português ("se fundamente em encerramento definitivo da empresa, encerramento de uma ou várias secções ou redução do pessoal determinada por motivos estruturais, tecnológicos ou conjunturais", art. 16 da Lei de Cessação do Contrato de Trabalho) refletem, em termos gerais, o mesmo contexto.

É interessante verificar que, embora os motivos elencados como justificativas para a despedida coletiva sejam divididos em razões técnicas, tecnológicas, estruturais ou conjunturais, todos eles desembocam em um elemento central, qual seja, o enfrentamento pela empresa de grave crise econômico-financeira. É relevante tal observação, já que tais fundamentos não nos parecem taxativos, mas tão somente se apresentam como elementos que possuem uma maior incidência prática no contexto vivenciado pelas empresas que enfrentam despedidas coletivas. Isso quer dizer que, mais importante que verificar se o motivo embasador da despedida é relacionado a alterações tecnológicas ou estruturais, é analisar, de forma contundente, o real impacto desse contexto no equilíbrio financeiro do empreendimento e se o redimensionamento ou sua extinção são realmente imprescindíveis ou se constituem tão somente mais um mecanismo de potencialização de lucros.[50]

> É importante considerar que não é suficiente a simples existência de uma causa técnica, organizativa, ou de produção, para que se possa justificar a dispensa coletiva baseada em uma dessas causas, pois há de se provar ainda que a dispensa coletiva servirá *para garantir a viabilidade futura da empresa e do emprego nesta mediante uma organização mais adequada dos recursos.* Assim, por um lado deve existir uma vinculação estreita entre a eliminação dos postos de trabalho, e, por outro, a introdução das novas causas (organizativas, técnicas ou produtivas), de forma que o resultado da operação, ao menos em teoria, seja favorável à continuação da empresa e dos demais postos de trabalho e possa, quando possível, gerar futuras contratações (por exemplo, por aumento de demanda futura resultante da reestruturação do quadro de funcionários).[51]

A crise econômica que justifica e dá ensejo à despedida coletiva deve ser de tal monta que não permita, ao menos a longo prazo, a recolocação de pessoal. Também não deve significar tão somente a verificação de resultados contábeis desfavoráveis em um curto espaço de tempo, de modo que permita uma imediata recuperação da produção e dos rendimentos, mas deve provir de um contexto negativo renitente e duradouro. Assim como na Espanha, crê-se que o prazo de 9 meses, ou até 1 ano, seja uma medida de tempo

---

(50) "Nos casos analisados pelos tribunais [espanhóis], foram declaradas improcedentes as extinções nos casos em que a redução de postos de trabalho se embasava simplesmente em um projeto empresarial e estava absolutamente desconectada da existência real de dificuldades que impedissem o bom funcionamento da empresa, seja por exigência da demanda ou pela posição competitiva da referida empresa no mercado. Entendendo definitivamente que, de fato, pode existir, como muito, uma conveniência para que a empresa adote a medida, mas não uma necessidade verdadeira e isso não é causa suficiente para justificar uma extinção contratual (STS 23 de janeiro de 2008, QS 2008/8827)". PRIETO, Ricardo Morón. *Guía sobre los ERE y medidas alternativas al despido.* Madri: Quantor, 2010. p. 22, *apud* PIRES, Eduardo Soto. *Demissões coletivas*: lições para a sua regulamentação futura pelo sistema jurídico brasileiro: estudo do modelo regulatório espanhol. São Paulo: LTr, 2012. p. 103.

(51) PIRES, Eduardo Soto. *Op. cit.*, p. 55.

razoável para se analisar a conjuntura empresarial, concluindo-se se se trata de crise ou de breve infortúnio.

Eduardo Soto Pires, citando o Direito espanhol, indica que:

> Entende-se que ocorram causas econômicas quando dos resultados da empresa se depreenda uma situação econômica negativa, em casos em que existam perdas atuais ou previstas, ou a diminuição persistente de seu nível de ingressos ou vendas. Em todo caso, se *entenderá que a diminuição é persistente se esta se produz durante três trimestres consecutivos*.[52] (grifei)

Importante é ressaltar que a despedida coletiva deve ser promovida como uma das últimas medidas tomadas pelo empregador com o intuito de salvaguardar o empreendimento econômico. Ela deve estar inserida em um quadro de grave declínio de lucros, produção e rendimentos, de modo que nem sempre, mesmo com tais medidas de contenção, a empresa conseguirá se reerguer, o que não significa que a despedida coletiva tenha sido fraudulenta. Mais uma vez o Direito espanhol nos serve de guia, já que lá, um dos encargos do empregador para fundamentar seu ato de despedimento é a apresentação de seus documentos contábeis dos últimos três anos.

É importante notar que a lei exige a apresentação da documentação econômica dos últimos três anos. Isso reforça a ideia de que a situação econômica negativa não pode ser conjuntural, mas deve ser grave e de difícil transposição, para que possa ser autorizadora da dispensa coletiva. Deve haver uma situação em que a dispensa coletiva sirva para estancar as perdas. No entanto, de acordo com a nova redação do art. 51 do ET, o empregador não precisa justificar como as dispensas deverão contribuir para a superação da situação negativa, basta que exista uma relação razoável entre a má situação econômica alegada e as dispensas coletivas propostas. Já não recai sobre a empresa o ônus de provar que a medida seja suficiente para eliminar a crise, nem que sejam adotadas outras medidas que garantam a superação da situação econômica negativa.[53]

1.1.3 Objetivo comum: redução do quadro de empregados. Números e percentuais

A redução ou a extinção do quadro de empregados é o objetivo maior da despedida coletiva. "A supressão do emprego é uma eliminação efetiva e irrestrita do posto de trabalho ocupado pelo trabalhador despedido."[54]

Logo, a recontratação de pessoal ou a substituição dos empregados despedidos logo após a despedida em massa desconfiguram o instituto, sobretudo porque a mera troca de empregados implicaria na desconsideração dos graves motivos que lhe deram causa,

---

(52) PIRES, Eduardo Soto. *Op. cit.*, p. 62.
(53) *IbIdem*, p. 66.
(54) MANNRICH, Nelson. *Op. cit.*, p. 79.

caracterizando, assim, uma atitude leviana e fraudulenta, cujas consequências jurídicas serão tratadas no decorrer da explanação.

O número ou o percentual de empregados atingidos pelo ato patronal deve ser robusto, tendo-se em vista, sobretudo, a totalidade dos empregados daquela entidade empresarial, assim considerada como a globalidade de filiais, seções ou unidades. Quando falamos em despedida coletiva, com extinção parcial dos postos de emprego, a base de cálculo utilizada para incidência do percentual ou para consideração do número determinado de despedimentos deve levar em conta a quantidade de *empregados*, ou seja, são excluídos desse cômputo trabalhadores eventuais, temporários, terceirizados, estagiários e autônomos.

> A indicação da Directiva comunitária [75/129] é a de que devem contar os *trabalhadores habitualmente empregados nos estabelecimentos em questão*. Afigura-se-nos relevante o número regular de trabalhadores em serviço como tais, correspondendo aos postos de trabalho remunerados existentes na empresa ou — na formulação do Tribunal Federal do Trabalho alemão — "a força de trabalho que é, em conjunto, caracterizadora do Betrieb". Não relevam pois para o efeito os que prestam serviço não remunerado, como o empresário ou familiares, ou cooperadores de empresas de trabalho temporário. Ponto mais duvidoso será o do trabalho em tempo parcial, inclinando-nos nós para a solução de considerar esses trabalhadores, quando — em conjunto — ocupem um ou mais postos de trabalho, nessa mesma medida.
>
> Duvidosa também é a situação dos trabalhadores contratados a prazo, que supomos merecer uma solução diversificada. Em teoria, e para este efeito, os trabalhadores a prazo deverão contar apenas quando ocupem uma posição permanente na empresa, pois casos há em que isso é legalmente possível. Supomos, contudo, que por uma questão de certeza na aplicação do Direito, nos devemos socorrer de regras gerais e, portanto, do art. 53º, 2, da Lei dos Despedimentos, pelo qual "os trabalhadores admitidos a termo são incluídos, segundo um cálculo efectuado com recurso à média no ano civil anterior, no total dos trabalhadores da empresa para determinação das obrigações sociais ligadas ao número de trabalhadores ao serviço".[55]

Dentre os sistemas jurídicos estudados, aquele que se apresenta mais restrito e severo é o ordenamento português, que tem como coletiva a despedida "que abranja, pelo menos, dois ou cinco trabalhadores, conforme se trate, respectivamente, de empresas de dois a cinquenta ou mais de cinquenta trabalhadores".

O ordenamento jurídico francês dispõe de uma espécie de gradação dos despedimentos coletivos, distinguindo-os em *petit* (2 a 9 trabalhadores durante 30 dias) e *grand licenciement* (10 ou mais trabalhadores num período de 30 dias).[56]

1.1.4 Lapso temporal

Os despedimentos devem ocorrer num determinado lapso temporal a fim que a despedida possa ser qualificada como coletiva. Isso se justifica pela necessidade de delimitar

---

(55) XAVIER, Bernardo da Gama Lobo. *Op. cit.*, p. 376-377.
(56) XAVIER, Bernardo da Gama Lobo. *Op. cit.*, p. 217-220.

o campo temporal em que as despedidas acontecem: o prazo não deve ser tão curto de forma a retratar apenas parcialmente o fenômeno nem pode ser tão amplo que descaracterize a conduta empresarial. Conjugada ao elemento tempo deve estar a unidade de uma conjuntura econômica, de modo que o número de afetados pelas despedidas pode ser alcançado por um ou mais atos empresariais, desde que sejam praticados dentro de um mesmo contexto.

Na França, esse prazo é de 30 dias;[57] no Direito espanhol, a extinção dos contratos deve se dar em até 90 dias;[58] em Portugal, a cessação dos contratos individuais de trabalho deve ser operada simultânea ou sucessivamente no período de 3 meses.[59] Já a Diretiva n. 75/129 prevê o prazo de 30 dias (art. 1.1) ou de 90 dias.[60]

Considerando que as despedidas coletivas decorrem de uma conjuntura, o que pressupõe o desencadeamento de um processo, nem sempre com início e término claramente identificados, crê-se que o lapso temporal não deva ser tão exíguo, a ponto de se perder a visão do contexto empresarial, nem tão extenso, a ponto de unir momentos desconexos. Acompanhando o Direito espanhol, crê-se que o prazo de 90 dias possa ser utilizado como parâmetro adequado, recordando-se que mais relevante que se fixar um prazo determinado e estático é ter-se em conta que as despedidas sejam promovidas a partir de um liame comum, decorrente de uma grave situação financeira de caráter estrutural.

1.1.5 Redimensionamento da empresa, extinção da empresa, encerramento de filiais nacionais ou internacionais, alteração do objeto social — tipologia

a) Redimensionamento da empresa

Tal espécie de despedida coletiva pressupõe a manutenção do empreendimento econômico. Sem dúvidas é aquela em que os fins propostos e os efeitos jurídicos mais contundentes são obtidos, já que a aplicação de institutos como a reintegração e a fixação de critérios objetivos para determinação dos empregados despedidos só é possível nessa modalidade.

Cabe aqui mencionar que no caso do Direito português não se trata de mais uma modalidade de despedimento coletivo, mas sim de seu único conceito, já que o encerramento total da empresa é lá tratado como hipótese de caducidade do contrato.

> O Código do Trabalho, desde 2003, seguiu uma solução diferente, reconduzindo à caducidade todas as situações de encerramento total da empresa, ficando no despedimento colectivo apenas os encerramentos parciais (art. 359º, 1), que determinam uma redução de pessoal, mas não a extinção dos contratos de todos os trabalhadores.[61]

---

(57) *Ibidem*, p. 217-220.
(58) Ressalvando que o § 5º do art. 51.1 do Estatuto de los Trabajadores estende esse prazo por mais um período de 90 dias: "Quando em períodos sucessivos de noventa dias e com o objetivo de elidir as previsões contidas no presente artigo, a empresa realizar extinções de contratos ao amparo do disposto no art. 52, c desta Lei, em número inferior aos limites assinalados, e sem que concorram causas novas que justifiquem tal atuação, essas novas extinções serão consideradas em fraude à lei e serão declaradas nulas e sem efeito." (MANNRICH, Nelson. *Op. cit.*, p. 139).
(59) *Ibidem*, p. 180.
(60) Na hipótese da alínea "d": "Ou vinte empregados, seja qual for o número de trabalhadores habitualmente empregados nos centros de trabalho afetados, desde que a dispensa se verifique dentro de um período de noventa dias."
(61) XAVIER, Bernardo da Gama Lobo. *Manual... Op. cit.*, p. 737.

A despedida coletiva, na modalidade redimensionamento da empresa, é uma ferramenta utilizada para proteção da coletividade de empregados, mas também um mecanismo que possibilita a viabilidade e a manutenção da empresa,[62] que promovida por razões de ordem econômico-financeira, poderá continuar a gerar renda e emprego.

b) Extinção da empresa

Ainda que o empreendimento econômico esteja fadado à extinção, a comunidade de empregados e a sociedade em geral devem ser esclarecidas dos motivos que levaram ao encerramento da pessoa jurídica, razão pela qual, a veracidade das alegações empresariais implicará, não em reintegração dos dispensados aos postos de trabalho (pela absoluta impossibilidade material de condução a postos de trabalho definitivamente extintos), mas no cômputo de indenização à massa de empregados e até mesmo em dano coletivo.

Aqui se incluem as ocorrências também relacionadas à morte ou incapacidade do empregador enquanto empresa individual, embora nesses casos, a prática indique, em regra, a existência de poucos empregados.

c) Encerramento de filiais nacionais ou internacionais

A realocação de plantas industriais dentro ou fora do território nacional tem sido uma prática comum no meio empresarial. Para tanto incentivos fiscais, flexibilidade da legislação trabalhista ou seu enfraquecimento, têm motivado os grandes empreendimentos econômicos a alterarem sua localização pelo mundo afora, sempre em busca de lucros robustos e facilidades de operacionalização.

Embora ainda seja prematuro falar-se de uma cooperação global pela proteção e efetividade dos direitos trabalhistas, os grandes conglomerados empresariais, inclusive multinacionais, já não podem se isentar de justificar a tomada de decisões que implique prejuízo direto para sua comunidade de empregados, como a transferência de plantas entre os estados da federação ou o encerramento de filiais dentro do território brasileiro.

d) Alteração do objeto social

O Poder Judiciário não pode impedir que a empresa altere seu objeto social e se remodele em busca de sobrevivência, mas se tal alteração implicar na mudança do quadro de empregados, ou seja, em seu enxugamento, estará caracterizada despedida coletiva, e com ela, todos os deveres de justificação e motivação.

Um ponto deve ser esclarecido, quanto à substituição de pessoal, já que um dos elementos que caracterizam a despedida coletiva é a justamente a ausência de intenção de se substituírem os empregados despedidos. Ocorre que nessa modalidade, ainda que haja novas contratações em número compatível ao quadro de empregados anterior, não se pode falar, de forma precisa, em substituição, vez que os cargos e funções, em razão da alteração do objeto social, foram alterados.

---

(62) "O art. 51º, 1, 2º parágrafo, do ET [*Estatuto de los Trajadores*] esclarece que se entenderá que concorrem as causas a que se refere o preceito quando a adopção das medidas propostas contribua 'para superar uma situação económica negativa da empresa' (causas económicas) ou 'para garantir a viabilidade futura da empresa e o emprego na mesma' (causas técnicas, organizativas ou de produção) 'através de uma mais adequada organização de recursos'." (XAVIER, Bernardo da Gama Lobo. *Op. cit.*, p. 198).

1.2 PROJETO DE LEI N. 6.356/2005 (APENSOS OS PL N. 5.232/09 E PL N. 5.353/09) E A BUSCA DE CRITÉRIOS OBJETIVOS PARA CARACTERIZAÇÃO E REGULAMENTAÇÃO DA DESPEDIDA COLETIVA NO BRASIL

Tramitam na Câmara dos Deputados os Projetos de Lei n. 6.356/2005, n. 5.232/2009 e n. 5.353/2009, que tratam de conceituar e regulamentar a despedida coletiva.

A proposta de regulamentação do PL n. 6.356/2005, de autoria do deputado Vicentinho, prevê no art. 1º, como coletivas, as despedidas ocorridas em um período de 60 (sessenta) dias e que afetem 5% (cinco por cento) do número de empregados da empresa, considerada a média de empregados do ano anterior ao das despedidas, excluídos do cômputo os contratos por prazo determinado.

O art. 2º da proposta dispõe que as despedidas coletivas deverão ser fundamentadas em motivos econômicos, tecnológicos, estruturais ou análogos, os quais serão obrigatoriamente discutidos e deliberados em negociação coletiva. Também serão discutidos e definidos o número e os critérios de seleção dos empregados a serem demitidos.

Está previsto ainda o procedimento a ser observado pelo empregador, como a comunicação ao Ministério do Trabalho e Emprego e ao sindicato da categoria profissional, no prazo de 30 dias antes da data de comunicação ao empregado.

No art. 3º há a previsão, em seu § 2º, de que, quando ocorrer despedida coletiva, será vedada a admissão de novo empregado para a mesma função sem que antes a vaga seja oferecida ao empregado demitido.

Já o art. 4º prevê uma indenização ao empregado, quando ocorrer a inobservância no procedimento, baseada na remuneração recebida pelo empregado da empresa, não inferior ao correspondente a 180 (cento e oitenta) dias de remuneração por ano de trabalho ou fração igual a seis meses, sem prejuízo das verbas rescisórias.

Foram apensos ao referido projeto os PL n. 5.232/2009 e PL n. 5.353/2009, de autoria dos deputados Cleber Verde e Manuela D'Ávila, respectivamente. O primeiro define a despedida coletiva como a dispensa de 5% ou mais dos empregados de empresas públicas ou privadas com mais de cem empregados, ocorridas no período de um ano. De acordo com o segundo, a despedida coletiva é definida como todo ato de despedimento de empregado, fundado em causas técnicas, econômicas ou financeiras, que afetar pelo menos cinco trabalhadores, de cada estabelecimento, de empresa que tiver até vinte empregados; ou dez trabalhadores, quando o estabelecimento empresarial tiver entre vinte e até cem empregados. Nos casos em que o número de empregados ficar entre cem e trezentos, a despedida será coletiva quando afastar pelo menos 10% (dez por cento) dos empregados; nos estabelecimentos ainda maiores, a despedida coletiva ocorrerá sempre que atingir mais de trinta empregados.

A deputada Vanessa Grazziotin apresentou substitutivo aos projetos de lei mencionados, de acordo com o qual se considera despedida coletiva aquela que ocorrer em intervalo inferior a 90 (noventa) dias e envolver, em cada estabelecimento de pessoa jurídica, de qualquer natureza: I — pelo menos cinco trabalhadores, nas pessoas jurídicas que possuam até vinte empregados; II — pelo menos dez trabalhadores, nas pessoas jurídicas que possuam entre vinte até cem empregados; III — pelo menos 10% (dez por cento) dos trabalhadores, nas pessoas jurídicas que possuam entre cem e trezentos empregados; IV — pelo menos trinta trabalhadores, nas demais empresas.

É imposta como condição de validade das despedidas a autorização do Ministério do Trabalho e Emprego, bem como a comunicação dos representantes dos empregados, com quem deverá ser travada negociação coletiva visando evitar ou ao menos minimizar os efeitos da despedida.

Preveem-se ainda critérios para escolha dos empregados a serem demitidos (preferencialmente os trabalhadores que, consultados previamente, prefiram a despedida, mediante homologação no sindicato profissional; os empregados que já estiverem recebendo benefícios da aposentadoria definitiva pela Previdência Social ou por alguma forma de previdência privada).

Dispõe o art. 13 que, invalidada a despedida coletiva por decisão judicial, no todo ou em parte, será imposta à empresa multa de cinco salários mínimos por cada trabalhador dispensado irregularmente, sem prejuízo da sua reintegração ao emprego, assegurados todos os direitos do período do afastamento.

A Comissão de Desenvolvimento Econômico, Indústria e Comércio rejeitou o projeto, que ainda será analisado pela Comissão de Trabalho, de Administração e Serviço Público e pela Comissão de Constituição e Justiça e de Cidadania.

Segundo o deputado Renato Molling, relator da Comissão de Desenvolvimento Econômico, Indústria e Comércio, que rejeitou o projeto:

> Ressalvados os casos específicos de garantia de emprego, não se pode tolher o direito de o empregador promover despedidas coletivas ditadas por razões de ordem técnica, econômica ou financeira. Nem mesmo no direito comparado tem-se conhecimento de país que vede a dispensa coletiva ou que a discipline de forma tão rígida, como propõe o projeto.
>
> As medidas impostas pela proposta beiram à irracionalidade se considerada a realidade de uma economia capitalista. As exigências engessariam a empresa de tal forma que lhe comprometeria a subsistência, mormente em períodos de mais acirrada concorrência no mercado e de crise aguda, tal como ocorreu recentemente.
>
> As medidas propostas retirariam, ainda, das empresas brasileiras, qualquer flexibilidade, este sim, fator essencial ao desenvolvimento das firmas e, portanto, do próprio País, pois é com a constante renovação das empresas que estas crescem e progridem. Engessar as nossas empresas é, destarte, medida que não vem atender aos interesses dos trabalhadores, nem das empresas, nem do governo; os primeiros se veriam, no longo prazo, privados de seus empregos, pela paralisia a que as empresas seriam conduzidas; as empresas seriam condenadas à estagnação, e o governo se veria carente de recursos, pela escassez de recolhimentos, inviabilizando a prestação de seus serviços, mesmos os mais básicos.[63]

Não se poderia esperar posição diversa de uma comissão cujo objetivo é defender o empresariado. Os valores humanos, representados pelos seres trabalhadores, são simplesmente relegados a segundo plano, como se o organismo empresarial fosse causa de si mesmo, como se existisse como fim último. Não foi essa a opção constitucional, que

---

(63) BRASIL. Câmara dos Deputados. *Projeto de Lei n. 6.356/2005*. Disponível em: <http://www.camara.gov.br/proposicoesWeb/fichadetramitacao?idProposicao=309251>.

elencou como princípio fundante de toda a ordem constitucional a dignidade da pessoa humana. Pensar soluções que harmonizem os princípios constitucionais da livre iniciativa e do pleno emprego é um desafio, sem dúvidas. Mas continuar a crer que o valor social do trabalho constitui peso demasiado ao crescimento econômico é o que nos faz tão distantes de garantir um patamar civilizatório mínimo àqueles que, embora sejam a engrenagem que move a economia e a riqueza do país, continuam marginalizados.

A par dessa questão, outra precisa ser enfrentada: o trabalhador não pode ser mais tratado como se fosse um bagaço do neoliberalismo. A pessoa humana não é uma simples biomassa, renovável em cada crise mundial financeira, provocada pelo capital especulativo. O homem possui uma dimensão divina, abraçado devendo ser por uma vida minimamente condizente com a sua condição natural.[64]

O parecer em comento ainda peca quanto à menção ao Direito comparado. Já foram citadas no presente estudo as regulamentações previstas em países europeus que datam da década de 1970 e que, ao contrário do que foi informado, possuem rígida disciplina, inclusive quanto às despedidas individuais, como é o caso de Portugal.

O projeto tramita desde 2005, mas antes dele vários outros já intentaram tratar da matéria, como o Anteprojeto apresentado por João de Lima Teixeira Filho ao então Ministro do Trabalho Reinhold Stephanes, em 1992, e o Anteprojeto apresentado pela Academia Nacional de Direito do Trabalho, elaborado por Arnaldo Süssekind, Segadas Vianna, Arion Sayão Romita e João de Lima Teixeira Filho, em 1996, dentre outros.[65]

Os projetos em comento estão, desde novembro de 2012, aguardando parecer da Comissão de Trabalho, de Administração e Serviço Público — CTASP.

Inegável a relevância de um projeto de lei dessa monta. O que se defende, contudo, é que, independentemente dele, o ordenamento jurídico brasileiro já dispõe de ferramentas que permitem uma resposta à altura da problemática.

1.3 CLÁUSULAS NORMATIVAS

Diante do vazio legislativo, algumas entidades sindicais buscam se antecipar ao tratamento legal das despedidas coletivas, elaborando cláusulas normativas conceituando o instituto e principalmente traçando parâmetros para definição dos empregados afetados. A maioria constitui meras recomendações, mas é uma demonstração significativa da preocupação que tem permeado o ambiente de trabalho.

---

(64) FABIANO, Isabela Márcia de Alcântara; RENAULT, Luiz Otávio Linhares. Crise financeira mundial: tempo de socializar prejuízos e ganhos. *Revista do Tribunal Regional do Trabalho da 3ª Região*. Belo Horizonte, v. 48, n. 78, p. 195-217, jul./dez. 2008. Disponível em: <http://www.trt3.jus.br/escola/ download/revista/rev_78/isabela_fabiano_luiz_otavio_renault.pdf>.
(65) MANNRICH, Nelson. *Op. cit.*, p. 486.

Eis algumas cláusulas[66]:

1) Cláusula 17ª do Acordo Coletivo 2013/2014, firmado entre STI Alimentação em Cooperativas, Agroindústrias e Indústrias de Concórdia e Sadia Concórdia S/A:

No caso de Dispensa Coletiva, entendida neste acordo como a demissão de mais de 5% (cinco por cento) dos empregados por mês, motivada por reorganização estrutural, retração de mercado, falta de matéria prima, supressão de linha de fabricação ou qualquer outro motivo não imputável ao empregado, deverá ser observado a seguinte ordem:

a) Empregados que já aufiram alguma espécie de aposentadoria;

b) Empregados solteiros com menos de 01 (um) ano de serviço;

c) Empregados solteiros com m ais de 01 (um) ano de serviço;

d) Empregados casados, sem filhos, com menos de 01 (um) ano de serviço;

e) Empregados casados, sem filhos e com mais de 01 (um) ano de serviço;

f) Empregados casados, com filhos maiores de 14 (quatorze) anos e com menos de 1 (um) ano de serviço;

g) Empregados casados, com filhos maiores de 14 (quatorze) anos, mais de 01 (um) ano de serviço e menos de 5 (cinco) anos de serviço;

h) Os demais empregados não incluídos nos itens acima.[67]

2) Cláusula 26ª da Convenção Coletiva 2011/2013 firmada entre o Sindicato dos Trabalhadores na Fiação e Tecelagem de São Paulo, Caieiras, Cotia, Franco da Rocha e o Sindicato das Indústrias de Fiação e Tecelagem de São Paulo:

Na ocorrência de dispensa coletiva, as empresas preferencialmente observarão os seguintes critérios:

a) inicialmente, demitindo só os trabalhadores que, consultados previamente, prefiram a dispensa;

b) em segundo lugar, os empregados que já estejam recebendo os benefícios da aposentadoria concedidos pela Previdência Social;

c) seguir-se-ão os empregados com menor tempo de casa e, dentre estes, os solteiros, os de menor faixa etária e os de menores encargos familiares.

Superadas as razões determinantes da dispensa coletiva, as empresas darão preferência à readmissão daqueles que foram atingidos pela dispensa. Ficam ressalvadas eventuais condições mais favoráveis já existentes ou que venham a existir em decorrência de Lei.[68]

3) Cláusula 22ª da Convenção Coletiva 2013/2014, firmada entre Sindicato dos Trabalhadores em Metalúrgicas, Mecânicas, Material Elétrico e Siderurgia de Juiz de Fora e Sindicato das Indústrias Metalúrgicas, Mecânicas e do Material Elétrico de Juiz de Fora:

---

(66) Há estudo do Dieese sobre a questão. As cláusulas aqui citadas foram aquelas mencionadas pelo departamento.
(67) SINDICATO DOS TRABALHADORES NAS INDÚSTRIAS DE ALIMENTAÇÃO. *Acordo Coletivo de Trabalho 2013/2014*. Disponível em: <http://www.sintrial.com.br/acordos/Acordo_BRF_2013.pdf>.
(68) SINDICATO DOS TRABALHADORES NA FIAÇÃO E TECELAGEM DE SÃO PAULO, CAIEIRAS, COTIA, FRANCO DA ROCHA. *Convenção Coletiva 2011/2013*. Disponível em: <http://az545403.vo.msecnd.net/sietex/2012/08/01-Conven%C3%A7%C3%A3oColetivaTrabalho-Mestres-Ano-Base-2011-2013.pdf>.

Ficam as empresas recomendadas, em casos de dispensas coletivas, a envidar esforços, conjuntamente com os Sindicatos Profissional e Patronal, no sentido de encontrar soluções alternativas.[69]

4) Cláusula 24ª da Convenção Coletiva 2012/2014, firmada entre Sindicato dos Trabalhadores em Indústrias Químicas, Petroquímica, Farmacêuticas, Tintas e Vernizes Plásticas do ABCD e Cosméticas, Plásticas e Similares de São Paulo e Sindicato das Indústrias de Explosivos de São Paulo, Sindicato Nacional das Indústrias de Matérias Primas para Fertilizantes, Sindicato das Indústrias de Rerrefino de Óleos Minerais, Sindicato das Indústrias de Tintas e Vernizes de São Paulo, Sindicato das Indústrias de Resinas Sintéticas de São Paulo, Sindicato das Indústrias de Defensivos Agrícolas, Sindicato das Indústrias de Produtos para Saúde Animal, Sindicato das Indústrias de Produtos Químicos para Fins Industriais e da Petroquímica de São Paulo, Sindicato das Indústrias de Abrasivos de São Paulo, Sindicato das Indústrias de Adubos e Corretivos Agrícolas de São Paulo, Sindicato das Indústrias de Material Plástico de São Paulo, Sindicato das Indústrias de Perfumaria e Artigos de Toucador de São Paulo:

a) Na ocorrência de dispensa coletiva, as empresas observarão os seguintes critérios preferenciais:

a.1 — inicialmente, demitindo só os trabalhadores que, consultados previam ente, prefiram a dispensa;

a.2 — em segundo lugar, os empregados que já estejam recebendo os benefícios da aposentadoria definitiva, pela Previdência Social ou por algum a forma de Previdência Privada;

a.3 — seguir-se-ão os empregados com menor tempo de casa e, dentre estes, os solteiros, os de menor faixa etária e os de menores encargos familiares.

b) Superadas as razões determinantes da dispensa coletiva, as empresas darão preferência à readmissão daqueles que foram atingidos pela dispensa.

c) Ficam ressalvadas eventuais condições mais favoráveis já existentes ou que venham a existir em decorrência de Lei.[70]

5) Cláusula 25ª do Acordo Coletivo 2013/2014, firmado entre os Trabalhadores das Indústrias de Purificação e Distribuição de Água e em Serviços de Esgoto e o Sindicato dos Administradores, Sindicatos dos Engenheiros, de Purificação e Distribuição de Água e Serviços de Esgoto do Estado de Minas Gerais:

A COPASA MG ressalta seu firme propósito de manter sua política permanente de valorização do emprego, não praticando qualquer forma de demissão em massa, visando, acima de tudo, a manutenção da tranquilidade e melhoria das condições de trabalho dos empregados.

Parágrafo único — Por mútuo acordo entre as partes, a COPASA MG dará preferência, em caso de empate nos Processos Seletivos Internos às candidatas do sexo feminino e candidato(a)s negro(a)s, nesta ordem.[71]

6) Cláusula 35ª do Acordo Coletivo 2012/2014, firmado entre os Trabalhadores de Telemarketing e Sindicato de Empresas de Telecomunicações e Operadores de Mesas Telefônicas do Estado do Paraná:

A EMPRESA se compromete, durante a vigência deste acordo coletivo, quando da implementação de reestruturações internas, decorrentes de adequação à competitividade ou modificações tecnológicas, que resultem no fechamento de unidades organizacionais, com extinção de postos de trabalho e reduções de quadros, ou em casos de transferências coletivas, a garantir assistência

---

(69) SINDICATO DOS TRABALHADORES EM METALÚRGICAS, MECÂNICAS, MATERIAL ELÉTRICO. *Convenção Coletiva 2013/2014*. Disponível em: <http://www.stimjf.org/arquivo-baixar.php?id=24>.
(70) SINDICATO DOS QUÍMICOS DE SÃO PAULO. *Convenção Coletiva 2012/2014*. Disponível em: <http://www.quimicosjc.org.br/pdfs/especiais/CCT-2012-2014.pdf>.
(71) SINDICATO DOS TRABALHADORES DAS INDÚSTRIAS DE PURIFICAÇÃO E DISTRIBUIÇÃO DE ÁGUA E EM SERVIÇOS DE ESGOTO. *Acordo Coletivo 2013/2014*. Disponível em: <http://www.sengemg.com.br/downloads/acordos_convencoes/copasa/ACT_Copasa_2013-2014.pdf>.

aos empregados abrangidos, oferecendo possibilidades de reaproveitamento interno ou condições especiais na rescisão contratual, estas negociadas com o SINDICATO na ocasião.

7) Cláusula 9ª da Convenção Coletiva da Aviação Regular 2013/2014, firmada entre Sindicato Nacional dos Aeronautas e Sindicato Nacional das Empresas Aeroviárias:

Se houver necessidade de redução da força de trabalho, as demissões ocorrerão por função, observados os seguintes critérios:

a) O aeronauta que manifestar, sem perda de seus direitos, interesse em deixar o emprego, se o custo for aceitável pela empresa;

b) Os que estiverem em processo de admissão ou estágio inicial na empresa;

c) Os aposentados com complementação ou suplementação salarial proveniente de qualquer origem e os que estiverem na reserva remunerada, respeitada a ordem decrescente de antiguidade na empresa;

d) Os aposentáveis com complementação ou suplementação salarial integral, respeitada a ordem decrescente de antiguidade na empresa;

e) Os de menor antiguidade na empresa.[72]

Das sete cláusulas descritas, apenas uma delas ensaia um conceito de despedida coletiva, a qual, para os fins do instrumento coletivo em comento, seria aquela que abrangesse a dispensa de mais de 5% (cinco por cento) dos empregados no prazo de 30 dias e que fosse motivada por reorganização estrutural, retração de mercado, falta de matéria-prima, supressão de linha de fabricação ou qualquer outro motivo não imputável ao empregado.

Duas delas fixam critérios para escolha dos empregados a serem despedidos, possuindo em comum a ordem de preferência, devendo recair sobre aposentados ou pré-aposentados, solteiros, com menor tempo de serviço, com menores encargos financeiros, sem filhos ou com menor faixa etária.

Há ainda previsão de preferência para readmissão dos empregados atingidos pela despedida coletiva.

Já a Copasa-MG compromete-se a não praticar "qualquer forma de demissão em massa".

1.4 A ATUAL LACUNA LEGAL (MAS NÃO JURÍDICA) NO TRATAMENTO DA DESPEDIDA COLETIVA

O assunto é balizado pelos princípios constitucionais que amparam o valor social do trabalho e a função social do empreendimento econômico, assim como pela dignidade do ser trabalhador e pela livre iniciativa.

Defende-se que a relação de emprego deve estar norteada pela observância dos direitos fundamentais, eis que, sendo caracterizada, primordialmente, pela presença da subordinação jurídica e, no mais das vezes, também pela dependência econômica, é visceralmente uma relação hierarquizada e, que como tal, se trava por entes em condições não igualitárias.

---

(72) SINDICATO NACIONAL DOS AERONAUTAS. *Convenção Coletiva da Aviação Regular 2013/2014*. Disponível em: <http://www.aeronautas.org.br/convencao-coletiva-de-trabalho-aviac-reg-20132014>.

Adotando-se esse parâmetro, seria de se perquirir sobre a pertinência da livre autonomia dos entes privados na condução das relações trabalhistas, sobretudo quando estas envolvem um grande contingente de trabalhadores e, por consequência, refletem na sociedade de modo mais incisivo.

> A dispensa coletiva, ao contrário da individual, cuja repercussão restringe-se aos reflexos negativos na vida particular-social-moral-profissional do trabalhador dispensado, traz repercussões que ultrapassam a esfera particular dessas pessoas, podendo afetar a própria "ordem socioeconômica no mercado de trabalho, sobretudo quando o número de trabalhadores dispensados for significativo". Basta imaginar a demissão de milhares de trabalhadores de uma grande empresa, funcionando numa pequena municipalidade, para se chegar à conclusão do abalo de toda economia de mercado desse local, considerando que parte razoável da população economicamente ativa perdeu sua fonte de subsistência.[73]

A título de ilustração, não há como ignorar os impactos causados pela redução drástica ou mesmo pelo fechamento de uma grande unidade fabril para uma pequena cidade. De pronto, haverá reflexos econômicos na redução da renda local, o que implicará reflexos tributários (tanto diretos da produção da empresa como da desaceleração da economia por ausência de salários).

O quadro representa, com as inevitáveis adaptações e ressalvas, caracteres que remeteriam um paralelo à relação travada entre o Estado e seus cidadãos — afinal, a atração exercida pelos direitos fundamentais sobre esta relação se dá justamente por se encontrarem estes últimos em condição de sujeição. Em raciocínio analógico, os direitos fundamentais atuariam sobre a relação privada entre empregado e empregador por haver nesta situação condição de vulnerabilidade da pessoa do trabalhador, dotado de instrumentos de resistência bem menos eficientes diante daquele que detém o "poder diretivo". Em suma, os direitos fundamentais são essenciais na proteção do ser humano quando este trava relação com o poder (seja na relação entre a administração pública e o particular, seja numa relação entre os particulares).

"Bem a propósito, tendo em vista o texto constitucional brasileiro, a doutrina não trata a questão da eficácia dos direitos fundamentais do trabalhador sobre os particulares como sequer algo problemático."[74] O mesmo entendimento é partilhado por Daniel Sarmento[75] e Virgílio Afonso da Silva.[76]

A similitude verificada, tanto nas relações firmadas entre Poder Público e particulares como naquelas entre particulares que firmam vínculo de emprego, faria com que se avançasse rumo à exigência de limites mais precisos sobre o chamado *poder de direção exercido pelo empregador*. Assim como no caso do Estado, o poder exercido pelo empregador precisa de balizas claras, sob pena de o poder se transformar em arbitrariedade, tão somente.

---

(73) COSTA, Marcelo Freire Sampaio. Demissões em massa... *Op. cit.*, p. 828.
(74) CAVALCANTE, Ricardo Tenório. *Jurisdição, Direitos Sociais e proteção do trabalhador*. Porto Alegre: Livraria do Advogado, 2008. p. 68.
(75) SARMENTO, Daniel. *Op. cit.*
(76) SILVA, Virgílio Afonso da. *A constitucionalização do Direito*. São Paulo: Malheiros, 2005.

No dizer de Ingo Wolfgang Sarlet:

> [...] onde não houver limitação do poder, não haverá espaço para a dignidade da pessoa humana, e esta não passará de mero objeto de arbítrio e injustiças. A concepção do homem-objeto, como visto, constitui justamente a antítese da noção de dignidade da pessoa humana.[77]

Tornou-se lugar comum afirmar que o empregador tem o poder ou o direito de despedir o empregado e que essas faculdades seriam absolutas. Contudo, como bem se sabe, nenhum direito é absoluto, nem mesmo o direito à vida,[78] em casos extremos.

O contexto atual leva a crer que, apenas nos casos expressamente arrolados em lei como impeditivos à rescisão — a exemplo da estabilidade provisória no emprego, conferida à gestante ou ao dirigente sindical — o empregado poderia se insurgir contra a resilição contratual por iniciativa infundada do empregador, com certa probabilidade de êxito. Parte-se assim da premissa de que a regra é de que a rescisão contratual pode ocorrer a qualquer tempo e sem qualquer justificativa, desde que não incidentes as citadas garantias de emprego.

Porém, o espírito constitucional leva a interpretação diversa. Afinal, qual seria a intenção do texto constitucional ao elevar à mais alta categoria de norma jurídica os valores da dignidade da pessoa humana, do trabalho digno, da função social da propriedade, da busca do pleno emprego e sobretudo da proteção contra a despedida abusiva ou sem justa causa, se esses valores fossem restritos apenas a umas poucas exceções, ou seja, às garantias provisórias de emprego?

Afinal, a extinção de uma relação jurídica que é responsável pelo sustento material e, tantas vezes, moral de seres humanos, sem maiores delongas e em razão da exclusiva manifestação da vontade soberana do empregador, sem qualquer justificativa ou fundamento, não se apresenta consentânea com a dignidade de pessoas humanas — utilizadas como reles descartes — ou com a função social que toda propriedade é obrigada constitucionalmente a desempenhar.

Uma interpretação mais restrita e pragmática levaria à conclusão de que o compromisso firmado entre os seres da relação de emprego só é válido até o momento em que o detentor do capital assim decidir. Tal entendimento se adequa com mais facilidade ao ideário capitalista e liberal de que as relações trabalhistas apenas devem perdurar quando se mostrarem interessantes ao lucro e ao crescimento econômico.

Esquece-se, todavia, que o fim de todo e qualquer empreendimento, seja público ou privado, é, antes de tudo, o próprio ser humano, que é merecedor de dignidade pela simples condição de humanidade que lhe é ínsita. Esta não constitui concepção individual. Ela foi elencada como princípio basilar de todo o ordenamento jurídico:

> Este vetor agrega em torno de si a unanimidade dos direitos e garantias fundamentais do homem, expressos na Constituição de 1988. Quando o Texto Maior proclama a

---

(77) SARLET, Ingo Wolfgang. *A eficácia dos direitos fundamentais... Op. cit.*, p. 104.
(78) Art. 5º, XLVII, alínea "a", da Constituição Federal, e art. 125 do Código Penal (legítima defesa).

dignidade da pessoa humana, está consagrando um imperativo de justiça social, um *valor constitucional supremo*.[79]

A mudança de paradigmas certamente necessita de fundamentação consistente e de uma persistente e árdua tarefa de todos os que atuam nas relações entre capital e trabalho, sobretudo os operadores do Direito do Trabalho.

A grave crise econômica mundial verificada no biênio 2008/2009 constitui mais um elemento a corroborar a necessidade de se pensarem novas alternativas para salvaguardar o ser humano ou, ao menos, minimizar-lhe os sofrimentos decorrentes da instabilidade financeira e emocional decorrentes da perda de emprego.

> A perda do emprego que ocupava altera o seu quotidiano, o tempo e o ritmo da sua vida. Restringe-se, ou modifica-se, o seu círculo de convivialidade.
>
> Sente-se, muitas vezes, culpado perante os membros do agregado familiar que dele dependem e deterioram-se, nalguns casos, as suas relações familiares.
>
> Em situações de desemprego, sobretudo quando prolongado, acentua-se a tendência para a marginalidade e para o próprio suicídio.
>
> [...] O trauma provocado pela perda do emprego afecta profundamente a própria personalidade do trabalhador implicando, com freqüência, perturbações fisiológicas e psíquicas que reclamam tratamento médico adequado. O trabalhador sente-se humilhado, inútil, atingido no seu brio profissional, vítima de uma medida injusta, objeto da piedade pública ou particular.[80]

Cada despedida arbitrária ou sem justa causa traz em si o desalento do trabalhador e de todos aqueles que o cercam e que dependem de sua fonte de renda. Contudo, as despedidas "em massa" provocam a comoção de toda uma sociedade, até mesmo de um país inteiro. As consequências sociais geradas pela despedida de vários trabalhadores, muitas vezes aglomerados em uma mesma região, são nefastas.

O argumento de inexistência de regra no atual ordenamento jurídico que vede a despedida imotivada, ainda que de vários contratos de emprego de forma simultânea, ou que ao menos tente minimizar os efeitos danosos desse ato, apresenta-se por demais simplista, sobretudo quando todo o ordenamento jurídico está fundamentado em uma Constituição dotada de normas principiológicas carregadas de força normativa e vinculante.

> Em primeiro lugar, é preciso não confundir todo o direito com a lei. Esta é apenas uma parte do direito e, embora, no nosso sistema romano-germânico, ela forme "o esqueleto da ordem jurídica", a vida a este esqueleto vai ser dada pela doutrina, pela jurisprudência e, principalmente, pelo próprio *espírito do povo*, fonte última

---

(79) BULOS, Uadi Lammêgo. *Curso de Direito Constitucional*. São Paulo: Saraiva, 2007. p. 389.
(80) LEITE, Jorge. A estabilidade e a promoção de emprego. *Anais*. p. 56-7, *apud* XAVIER, Bernardo da Gama Lobo. *Op. cit.*, p. 272.

da própria lei, da doutrina e da jurisprudência. Segue-se daí que o direito francês não se confunde com o *Code Civil,* nem o direito alemão com o BGB.[81]

Acresça-se que a falta de impeditivo da prática desse ato em norma expressa não significa sua permissão — afinal, como já exposto, a relação jurídica travada no contexto trabalhista ganha contornos um tanto quanto peculiares em face da manifesta ausência de equilíbrio entre as partes.

O que se verifica, dessa forma, é uma lacuna no ordenamento jurídico estritamente laboral, o qual tratou somente das despedidas individuais (polarizadas em despedidas com ou sem justa causa),[82] omissão que, como tal, requer a incidência do art. 8º da Consolidação das Leis do Trabalho — CLT:

> As autoridades administrativas e a Justiça do Trabalho, na falta de disposições legais ou contratuais, decidirão, conforme o caso, pela jurisprudência, por analogia, por eqüidade e outros princípios e normas gerais de direito, principalmente do direito do trabalho, e, ainda, de acordo com os usos e costumes, o direito comparado, *mas sempre de maneira que nenhum interesse de classe ou particular prevaleça sobre o interesse público.* (grifei)

O dever de motivação tem amparo na legislação civil, eis que as relações contratuais, dentre elas as trabalhistas, devem ser norteadas sempre pelos princípios da boa-fé (art. 113 c/c art. 422, ambos do Código Civil) e da vedação do abuso de direito (art. 187 do Código Civil), que abrangem o direito à informação, inclusive após a rescisão do contrato. Estaria incluído no patrimônio jurídico da coletividade de empregados e da própria sociedade o direito de ter conhecimento prévio dos fatos que irão motivar o rompimento dos contratos de emprego e se estes, realmente, podem ser qualificados como motivos de ordem econômico-conjuntural ou técnico-estrutural.

> Os deveres anexos da boa-fé objetiva são, dentre outros, o de informar e demonstrar aos trabalhadores e seus representantes a causa objetiva da despedida em massa por motivo de ordem econômico-conjuntural (art. 5º, inciso XIV, da CF/88), e negociar as suas consequências (art. 7º, inciso XXVI da CF/88).[83]

Vai-se adiante afirmar que, além do direito à informação sobre as razões do desligamento, os empregados têm o direito de saber se tais razões são verídicas. Pelo princípio da boa-fé objetiva, o empregador estaria *vinculado* às razões expostas como motivo da rescisão, de modo que o próprio rompimento válido dos pactos estaria condicionado a esta motivação.

---

(81) AZEVEDO, Antônio Junqueira de. *Negócio jurídico*: existência, validade e eficácia. 4. ed. São Paulo: Saraiva, 2013. p. 77.
(82) "Nosso direito só se ocupa de dois tipos de dispensas, com justa causa e sem justa causa, hipóteses completamente diferentes e que, portanto, deveriam ter efeitos também diferentes." (NASCIMENTO, Amauri Mascaro. Crise econômica... *Op. cit.*, p. 16).
(83) ALMEIDA, Renato Rua. *Op. cit.*, p. 392.

2
A despedida coletiva e a Convenção n. 158 da Organização Internacional do Trabalho

> *Assim é, por exemplo, que os empregados de menor renda e, portanto, de maior necessidade, se submetem com mais facilidade à redução de seus salários. Vale dizer: quanto mais precisa resistir, menos o empregado resiste, o que torna a resistência ainda mais necessária e ainda menos possível, e assim sucessivamente, num ir-e-vir sem começo e sem fim.*[84]

A Convenção n. 158 da Organização Internacional do Trabalho foi aprovada na 68ª reunião da Conferência Internacional do Trabalho, em Genebra, em 1982. Foi regulamentada por meio da Recomendação n. 166. No plano interno, foi aprovada pelo Congresso Nacional em 17 de setembro de 1992, por meio do Decreto Legislativo n. 68. Foi ratificada pelo Governo brasileiro em 4 de janeiro de 1995, passando a vigorar doze meses após. Entretanto, sua eficácia jurídica no território nacional só se verificou a partir do Decreto n. 1.855, de 10 de abril de 1996. Sete meses depois, contudo, o Governo brasileiro denunciou-a. Com o Decreto n. 2.100, de 20 de dezembro do mesmo ano, a denúncia foi promulgada e a convenção teria deixado de vigorar no Brasil a partir de 20 de novembro de 1997, se não fossem as irregularidades formais e materiais, abaixo descritas.

O instrumento internacional não conceitua a despedida coletiva, mas a relaciona a motivos econômicos, tecnológicos, estruturais e análogos. Não especifica um número ou percentual de empregados despedidos para sua caracterização, mas prevê um extenso procedimento a ser adotado em sua ocorrência, que passa pela consulta aos representantes dos trabalhadores (art. 13), comunicação da despedida à autoridade competente (art. 14) e pelas consequências jurídicas da despedida coletiva tida por injustificada (art. 10).

A conjugação de seus dispositivos com as normas jurídicas internas já vigentes possibilita a instrumentalização da despedida coletiva, de modo tal que se faz desnecessária

---

(84) VIANA, Márcio Túlio. *Direito de resistência*. São Paulo: LTr, 1996. p. 333.

sua "regulamentação" por lei posterior, sobretudo quando se tem em mente que a Convenção n. 158 ingressou no ordenamento brasileiro como norma constitucional.

2.1 A HIERARQUIA NORMATIVA DOS TRATADOS INTERNACIONAIS DE DIREITOS HUMANOS

Segundo doutrina e jurisprudência dominantes, os tratados internacionais detêm o *status* de legislação infraconstitucional. O que se defende, contudo, é que aqueles que versam sobre direitos humanos gozam de *status* diferenciado, conforme previsão do § 2º do art. 5º da Constituição Federal.

Acerca dessa perspectiva, Cançado Trindade assinala que:

> Por meio desse dispositivo constitucional, os direitos humanos consagrados em tratados de direitos humanos em que o Brasil seja parte incorporam-se *ipso facto* no direito interno brasileiro, no âmbito do qual passam a ter "aplicação imediata" (art. 5 (1)) da mesma forma e no mesmo nível que os direitos constitucionalmente consagrados. A intangibilidade dos direitos e garantias individuais é determinada pela própria Constituição Federal, que inclusive proíbe expressamente até mesmo qualquer emenda tendente a aboli-los (art. 60 (4) (IV)). A especificidade e o caráter especial dos tratados de direitos humanos encontram-se, assim, devidamente reconhecidos pela Constituição Brasileira vigente.[85]

O autor afirma, ainda, que:

> Se, para os tratados internacionais em geral, tem-se exigido a intermediação pelo Poder Legislativo de ato com força de lei de modo a suas disposições vigência ou obrigatoriedade no plano do jurídico interno, distintamente, no tocante aos tratados de direitos humanos em que o Brasil é parte, os direitos fundamentais neles garantidos passam, consoante os arts. 5 (2) e 5 (1) da Constituição Brasileira de 1988, a integrar o elenco dos direitos constitucionalmente consagrados e direta e imediatamente exigíveis no plano do ordenamento jurídico interno. Por conseguinte, mostra-se inteiramente infundada, no tocante em particular aos tratados de direitos humanos, a tese clássica — ainda seguida em nossa prática constitucional — da paridade entre os tratados internacionais e a legislação infraconstitucional.[86]

Esse posicionamento é sustentado independentemente da alteração constitucional promovida em 2004, que passou a prever que:

> Os tratados e convenções internacionais sobre direitos humanos que forem aprovados, em cada Casa do Congresso Nacional, em dois turnos, por três quintos dos votos dos respectivos membros, serão equivalentes às emendas constitucionais.[87]

---

(85) CANÇADO TRINDADE, Antônio Augusto. Citado por LOUREIRO, Sílvia Maria da Silveira. *Tratados internacionais sobre direitos humanos na Constituição*. Del Rey: Belo Horizonte, 2005. p. 81.
(86) *Ibidem*, p. 81.
(87) Constituição Federal, art. 5º, § 3º, incluído pela Emenda Constitucional n. 45/2004.

A regra constitucional tentou esclarecer e regulamentar o procedimento de ingresso dos instrumentos internacionais que versem sobre direitos humanos e, por consequência, seu *status* constitucional, o que não restou infenso a críticas, sobretudo pela dificuldade criada para este reconhecimento, em razão da exigência de quórum qualificado.

O que se acredita é que, mesmo antes da alteração constitucional (e sem a necessidade de quórum qualificado para tanto), os tratados e convenções internacionais, a depender de seu conteúdo, podem integrar o corpo da Constituição. É esse o entendimento que se extrai do § 2º do art. 5º da Constituição Federal. Isso porque a natureza jurídica e a relevância das normas que dispõem sobre direitos humanos permitem que elas sejam tratadas de forma diferenciada, como emendas constitucionais, e, portanto, protegidas contra as alterações constantes e danosas do nosso legislador ordinário. Deteriam, assim, o *status* de normas constitucionais.

> Ora, ao prescrever que "os direitos e garantias expressos na Constituição não excluem outros direitos decorrentes dos tratados internacionais", a *contrario sensu*, a Carta de 1988 está a incluir, no catálogo de direitos constitucionalmente protegidos, os direitos enunciados nos tratados internacionais em que o Brasil seja parte. Este processo de inclusão implica na incorporação pelo texto constitucional destes direitos.
>
> Ao efetuar tal incorporação, a Carta está a atribuir aos direitos internacionais uma hierarquia especial e diferenciada, qual seja, a hierarquia de norma constitucional. Os direitos enunciados nos tratados de direitos humanos de que o Brasil é parte integram, portanto, o elenco dos direitos constitucionalmente consagrados. Esta conclusão advém ainda de interpretação sistemática e teleológica do texto, especialmente em face da força expansiva dos valores da dignidade humana e dos direitos fundamentais, como parâmetros axiológicos a orientar a compreensão do fenômeno constitucional.[88]

Contudo, não é esse o entendimento dominante na nossa Corte Constitucional, que equipara os tratados internacionais, ainda que versem sobre direitos humanos (à exceção do § 3º do art. 5º, introduzido pela Emenda Constitucional n. 45/2004), à lei ordinária. O que se verificou é que, após sustentar que os tratados deveriam receber tratamento jurídico privilegiado e diverso da legislação infraconstitucional, com supremacia do Direito Internacional, o Supremo alterou seu entendimento a partir de 1977, por ocasião do julgamento do Recurso Extraordinário n. 80.004, para então considerar a paridade hierárquica, o que a nosso ver constituiu imenso retrocesso.

Atualmente, há quem defenda no Supremo Tribunal Federal o *status* de norma supralegal aos tratados internacionais de direitos humanos, situando-os entre a lei ordinária e a Constituição Federal. Segundo esse posicionamento, os tratados internacionais que tratem sobre direitos humanos não poderiam afrontar a Constituição Federal, estando, portanto, a esta submetidos, mas também não seriam relegados à condição de paridade ao plano

---

(88) PIOVESAN, Flávia. *Op. cit.*, p. 73-74.

infraconstitucional, como os tratados *comuns*. Essa foi a posição adotada pelo Ministro Gilmar Mendes nos autos do Recurso Extraordinário n. 466.343-1/SP.

> Portanto, mesmo a posição de vanguarda do STF, expressa no voto-vista do Min. Gilmar Mendes acima referido [RE n. 466.343-1/SP], ainda é, a nosso ver, insuficiente. No nosso entender, os tratados internacionais *comuns* ratificados pelo Estado brasileiro é que se situam num nível hierárquico *intermediário*, estando abaixo da Constituição, mas acima da legislação infraconstitucional, não podendo ser revogados por lei posterior (posto não se encontrarem em situação de paridade normativa com as demais leis nacionais). Quanto aos tratados de direitos humanos, entendemos que os mesmos ostentam o *status* de norma constitucional, independentemente do seu eventual *quórum* qualificado de aprovação. A um resultado similar pode-se chegar aplicando o princípio — hoje cada vez mais difundido na jurisprudência interna de outros países, e consagrado com sua plenitude pelas instâncias internacionais — da *supremacia* do Direito Internacional e da *prevalência* de suas normas em relação a toda normatividade interna, seja ela anterior ou posterior.[89]

A Corte Constitucional privilegia a supremacia da Constituição Federal, de forma a engessá-la e isolá-la do arcabouço jurídico internacional, sem considerar que o § 2º do art. 5º constitui cláusula aberta, por meio da qual o constituinte, ponderando a relevância do pensamento jurídico desenvolvido pela comunidade internacional, permitiu que os direitos e garantias que representassem proteção ao ser humano e que fossem tidos como aceitáveis pelo país, sejam elevados ao topo do ordenamento jurídico. Não se discute aqui acerca das teorias monista ou dualista, eis que, assim como Flávia Piovesan e Cançado Trindade, entendemo-las infrutíferas e superadas, mas sim sobre o desprestígio dado ao Direito Internacional e, sobretudo, acerca da necessária prevalência das normas que outorguem maior proteção ao hipossuficiente. Mais relevante que debater, em abstrato, se deve prevalecer a ordem internacional ou o aparato jurídico nacional, é despertar para entendê-los como complementares, se sobrepondo, no caso concreto, aquela norma que se apresentar mais consentânea com a exaltação do ser humano. Assim como a hierarquia das normas trabalhistas privilegia aquela que maior benefício traga ao trabalhador, as normas constitucionais e internacionais que sejam ratificadas pelo Brasil necessitam observar que é sempre o hipossuficiente, o destinatário da norma, que deve guiar a escolha do dispositivo aplicável.

> De qualquer modo, em matéria de direitos humanos, quando os tratados internacionais conflitam com a Constituição Brasileira, a solução não pode ser buscada no princípio da hierarquia. Insuficiente, na hipótese, conflito entre os tratados e a Constituição, a hierarquia, cabendo o princípio *pro homine*, significando a preponderância da norma mais favorável ao ser humano. Não importa a hierarquia da norma, sim o seu conteúdo. O mais favorável prevalece. Não há que se falar em revogação da norma constitucional que conflita com o tratado. Todas as normas continuam vigentes. Mas no caso concreto será aplicada a mais favorável.[90]

---

(89) MAZZUOLI, Valerio de Oliveira. *Direito dos Tratados*. São Paulo: Revista dos Tribunais, 2011. p. 399-400.
(90) ZAINA, Ana Carolina. *Crise econômica de 2008 e dispensa coletiva de trabalhadores*: percalços do neoliberalismo globalizado e dimensionamento do estado. 2010. Dissertação (Mestrado em Direito Empresarial) — Faculdade de Direito do Centro Universitário Curitiba. Curitiba, 2010. Disponível em: <www.trt9.jus.br/internet_base/arquivo_download.do?evento=Baixar&idArquivoAnexadoPlc=1824931>.

De acordo com esse raciocínio, e levando-se em conta que a Convenção n. 158 da OIT trata, dentre outros, do rompimento coletivo dos contratos de trabalho, matéria afeta diretamente à fonte de subsistência do trabalhador e da estabilidade econômica e social de toda uma comunidade, é de se concluir que a matéria ganha ares de direito fundamental, ou, no plano internacional, de direito humano, motivo pelo qual, com sua ratificação, passou a ostentar *status* jurídico diferenciado, não podendo ser extirpada do ordenamento jurídico como se se tratasse de mera lei ordinária.

A Convenção n. 158 da OIT é, sem dúvidas, um tratado com normas de proteção a direitos humanos: seu objeto é a proteção à relação de emprego, que está prevista na Constituição no art. 7º, inciso I, entre os direitos dos trabalhadores; os direitos sociais, por sua vez, estão listados no Título II da Constituição, referente aos direitos e garantias fundamentais. Desse modo, ao ser ratificada a convenção, suas normas foram incorporadas ao bloco de direitos e garantias constitucionais.

A Convenção pode ser invocada, portanto, como parte integrante da Constituição. Suas disposições regulamentam o direito do trabalhador de ser protegido contra a dispensa arbitrária, enunciado pela Constituição, por meio de normas também constitucionais. Este é mais um argumento para considerar a proteção da relação de emprego um direito de eficácia imediata. Fica superada, nesse sentido, a discussão a respeito da aplicabilidade do art. 7º, inciso I, devido à inexistência de lei complementar. A Convenção traz conceitos e regras procedimentais que possibilitam dar efetividade ao direito fundamental insculpido na Constituição.

Por fim, qualquer que seja o entendimento adotado a respeito da hierarquia dos tratados de direitos humanos no ordenamento jurídico, a literatura de direito internacional tem avançado no sentido de superar a discussão sobre qual norma deve prevalecer, buscando firmar a interpretação de que deve ser aplicada, sempre, a norma que for mais benéfica ao indivíduo.[91]

E mais, as normas nela contidas passaram a constituir patrimônio jurídico dos trabalhadores, que, sob pena de afronta ao princípio da vedação de retrocesso social, não poderiam sofrer despedidas coletivas sem que os motivos justificadores para tanto estivessem presentes, fossem explicitados e devidamente comprovados. A ratificação da Convenção n. 158 da OIT fez integrar ao patrimônio jurídico da coletividade dos trabalhadores o direito de só serem despedidos se e quando houvesse razões bastantes para tanto. Sua denúncia, portanto, além das irregularidades formais, constitui ofensa à própria Constituição: § 2º do art. 5º.

Negar reconhecimento ao princípio da proibição de retrocesso significaria, em última análise, admitir que os órgãos legislativos (assim como o poder público de modo geral), a despeito de estarem inquestionavelmente vinculados aos direitos fundamentais e às normas constitucionais em geral,

---

(91) ANDRADE, Oyama Karyna Barbosa. *Proteção constitucional contra a dispensa arbitrária do empregado*: do descumprimento à efetividade. 2012. Dissertação (Mestrado em Direito) — Faculdade de Direito da Universidade Federal de Minas Gerais, Belo Horizonte, 2012. Disponível em: <http://www.bibliotecadigital.ufmg.br/dspace/bitstream/handle/1843/BUOS-8XTNHD/disserta__o_oyama_ karyna_barbosa_andrade.pdf>. Acesso em: 19 set. 2014.

dispõem do poder de tomar livremente suas decisões mesmo em flagrante desrespeito à vontade expressa do Constituinte.[92]

Repudia-se a conclusão a que chegou a Corte Constitucional, nos autos da Ação Direta de Inconstitucionalidade n. 1480-3, no sentido de que a convenção em apreço dispunha de forma contrária à norma constitucional, que prevê indenização compensatória em caso de despedida arbitrária ou sem justa causa. Parece-nos que a leitura extraída do inciso I — "relação de emprego protegida contra despedida arbitrária ou sem justa causa, nos termos de lei complementar, que preverá indenização compensatória, dentre outros direitos" — não está em consonância com o *caput* do mesmo art. 7º da CF, que prevê *outros direitos que visem à melhoria de sua condição social*. Tanto o texto constitucional quanto as normas previstas na convenção combatem o término das relações de trabalho sem a existência de motivos justificadores. O fato de a norma constitucional mencionar que está assegurada indenização compensatória não significa que outras consequências não possam daí advir. Pelo contrário, conforme se depura do *caput* do art. 7º, a indenização constitui tão somente um *direito mínimo*.

Ao contrário do que ficou decidido pelo Supremo Tribunal Federal, a Convenção n. 158 da OIT não guarda qualquer incompatibilidade com o dispositivo constitucional, seja quanto ao conteúdo, seja quanto à exigência de lei complementar. A convenção, pela relevância de suas normas e por refletir o pensamento jurídico avançado, em termos de condições de trabalho, jamais poderia ser tida como hierarquicamente inferior a uma lei complementar. Como já se defendeu, seu *status* é de norma constitucional.

> Os termos da Convenção são, inegavelmente, constitucionais. A Constituição brasileira, no art. 7º, I, como visto acima, veda a dispensa arbitrária e o que faz a Convenção 158 é exatamente isto, demonstrando a nítida compatibilidade entre os dois sistemas.
>
> Verdade que a Constituição direciona à Lei Complementar — que possui *quorum* qualificado para aprovação — a fixação da proteção da relação de emprego contra despedida arbitrária ou sem justa causa e o texto da Convenção não fora aprovado em Lei complementar. Entretanto, como dito acima, a inexistência da lei complementar não obsta a validade do preceito constitucional, que, no caso, destina-se a estabelecer o princípio de que se deve coibir a despedida arbitrária e que a aplicação, afinal, de tal princípio independe sequer de uma norma positiva que o regule. De todo modo, o máximo que uma lei complementar poderia fazer seria regular o preceito constitucional não impedir sua eficácia. O anseio do constituinte de impedir a dispensa arbitrária foi, sem sombra de dúvida, manifestado e não seria uma lei complementar ou a falta dela que poderia, simplesmente, anulá-lo.
>
> Assim, a Convenção n. 158, estando de acordo com o preceito constitucional estatuído no art. 7º, inciso I, complementa-o, não havendo qualquer validade no argumento de que a ausência de lei complementar, em razão de seu quorum qualificado, nega a aplicabilidade da Convenção, até porque a formação de uma Convenção, que se dá no âmbito internacional, exige muito mais formalismos que uma lei complementar, sendo fruto de um profundo amadurecimento internacional quanto às matérias por ela tratadas.
>
> Além disso, o parágrafo 2º, do art. 5º, da CF/88, estabelece que os tratados internacionais — gênero do qual constituem espécies as Convenções da OIT — são regras complementares às garantias individuais e coletivas estabelecidas na Constituição.[93]

---

(92) SARLET, Ingo Wolfgang. *A eficácia dos direitos fundamentais... Op. cit.*, p. 447.
(93) SOUTO MAIOR, Jorge Luiz. Convenção 158 da OIT: dispositivo que veda a dispensa arbitrária é auto-aplicável. *Jus Navigandi*. Teresina, v. 9, n. 475, 25 out. 2004. Disponível em: <http://jus.com.br/artigos/5820>.

2.2 RATIFICAÇÃO E DENÚNCIA DA CONVENÇÃO N. 158 DA OIT. EFEITOS

A observância dos procedimentos previstos na Convenção n. 158 da OIT no que tange à despedida coletiva passou a integrar o patrimônio jurídico dos trabalhadores com a sua ratificação pelo Chefe do Poder Executivo. Tratando-se de matéria afeita a salvaguardar a dignidade do trabalhador frente ao poder econômico do empregador, veio a fortalecer o contido no *caput* do art. 7º da Constituição Federal, no sentido de promover a ampliação de sua condição social, integrando, em razão do conteúdo e relevância, o rol dos direitos sociais constitucionais e estando, portanto, protegida sob o manto da cláusula pétrea.

Assim como Sílvia Loureiro, entende-se que não há razões jurídicas para o tratamento diferenciado supostamente dado pelo art. 60, § 4º, IV, da CF, a direitos e garantias individuais e aos direitos sociais, por exemplo.

> A proposta deste estudo seria, em tese, no sentido ampliativo da interpretação e aplicação das cláusulas pétreas para nestas serem incluídos os direitos e garantias sociais trabalhistas, previdenciários, econômicos, culturais e ambientais, originários de tratados internacionais, integrados à Constituição por força do disposto no art. 5º, § 2º, *in fine*.
>
> Convém notar que, no plano do direito constitucional, as cláusulas pétreas não são apenas uma técnica, através da qual se confere imutabilidade de normas pré-determinadas pelo legislador constituinte com a finalidade de se evitar a fragmentação do texto pela atuação do poder derivado de reforma, mas também elas são a expressão, por meio de um núcleo imutável, dos fundamentos e princípios basilares do próprio Estado Democrático de Direito.
>
> Nesse sentido, não há como se apartar em categorias estanques, com tratamento constitucional diferenciado, de um lado, os direitos individuais (civis e políticos), aos quais é conferida a *superconstitucionalidade*, e, de outro, os direitos sociais, econômicos e culturais, já que a Constituição Federal estabelece, dentre um dos fundamentos do Estado Democrático de Direito, a dignidade da pessoa humana, em sua dimensão integral.[94]

Não é demais ressaltar que a regulamentação da despedida coletiva e a imposição de limites ao poder de despedida representam não apenas o direito individual de cada empregado atingido, mas refletem o direito coletivo legítimo de se ver atuar, no jogo do mercado, os princípios de lealdade e boa-fé, exigíveis de todo e qualquer integrante do pacto social. O que a cláusula pétrea visa evitar é o regresso do país a patamares civilizatórios já ultrapassados. Logo, não nos parece que tenha sido intenção do constituinte distinguir, em prejuízo dos últimos, entre direitos individuais e sociais, sobretudo quando se imagina que a sociedade brasileira, pela cultura massificada que representa, necessita avançar na efetivação dos direitos dos menos favorecidos, que, embora numericamente em vantagem, são postos sempre à margem.

---

(94) LOUREIRO, Sílvia Maria da Silveira. *Op. cit.*, p. 91.

Não poderia, dessa forma, a Convenção n. 158 ser extirpada do corpo constitucional, sobretudo por uma denúncia que sequer representou a vontade popular, vez que promovida por ato isolado do Chefe do Poder Executivo.

Assim é que, para nós, da mesma forma que o Presidente da República necessita da aprovação do Congresso Nacional, dando a ele "carta branca" para ratificar o tratado, mais consentâneo com as normas da Constituição de 1988 em vigor seria que o mesmo procedimento fosse aplicado em relação à denúncia, donde não se poderia falar, por tal motivo, em denúncia de tratado por ato próprio do Chefe do Poder Executivo. Com isto se respeita o paralelismo que deve existir entre os atos jurídicos de assunção dos compromissos internacionais com aqueles relativos à sua denúncia. Trata-se de observar o comando constitucional (art. 1º, parágrafo único) segundo o qual *todo o poder emana do povo*, incluindo-se nesta categoria também o poder de denunciar tratados. Assim se modifica, para a consagração efetiva da democracia, uma prática internacional que até então era considerada uniforme e pacífica em diversos países, entre os quais o Brasil. Daí entendermos correta a posição de Pontes de Miranda, segundo a qual — como se falou — a denúncia de tratados sem o assentimento do Congresso é subversiva dos princípios constitucionais. Mas frise-se que tanto uma quanto outra tese não vigora no que diz respeito à denúncia de tratados de proteção dos direitos humanos, que, por ingressarem no ordenamento brasileiro com *índole* e *nível* de normas constitucionais, petrificam-se como cláusulas eternas no nosso Direito interno, passando a ser infensos à denúncia por parte do Governo (v. art. 5º, §§ 1º, 2º e 3º, da CF).[95]

Cabe considerar, todavia, que seria mais coerente aplicar ao ato da denúncia o mesmo processo aplicável ao ato de ratificação. Isto é, se para a ratificação é necessário um ato complexo, fruto da conjugação de vontade do Executivo e Legislativo, para o ato de denúncia também este deveria ser o procedimento. Propõe-se aqui a necessidade do requisito de prévia autorização pelo Legislativo de ato de denúncia de determinado tratado internacional pelo Executivo, o que democratizaria o processo de denúncia, como assinala o Direito Comparado.[96]

A denúncia prematura da Convenção n. 158 da OIT demonstrou a imaturidade do país quanto ao respeito às normas internacionais. Ademais, se para ingresso no ordenamento jurídico se fez imprescindível a oitiva do Congresso Nacional, como desconsiderar a manifestação de vontade desse organismo ao excluí-la do âmbito de aplicação do país?

Destarte, segundo Süssekind, a aprovação da Convenção n. 158 pelo Congresso Nacional não importou em autorizar o Poder Executivo a denunciar a respectiva ratificação *sponte sua*. Por inferência lógica, os mesmos órgãos que atuam, no nome do Estado, para a ratificação do instrumento internacional em apreço — Congresso e Poder Executivo —, devem se pronunciar para a denúncia, que corresponde, no plano interno, à sua revogação (uma lei, via de regra, só pode ser revogada por outra, isto é, por manifestação de vontade do mesmo órgão que a aprovou).[97]

Por fim, dê-se relevo à posição de Márcio Túlio Viana, que destaca a inconstitucionalidade da denúncia, na medida em que o ato praticado pelo chefe do Poder Executivo, de denunciar, mediante Decreto, a Convenção, extrapolou os limites de

---

(95) MAZZUOLI, Valerio de Oliveira. *Op. cit.*, p. 309-310.
(96) PIOVESAN, Flávia. *Op. cit.*, p. 91.
(97) SOARES FILHO, José, *A proteção da relação de emprego*: análise crítica em face de normas da OIT e da legislação nacional. São Paulo: LTr, 2002. p. 302.

sua competência, constitucionalmente fixados. Argumenta Viana: se é o Congresso quem aprova os tratados internacionais, "como pode o Presidente, por ato isolado, denunciá-los".[98]

A questão foi levada ao STF em 1997, por meio da ADIn n. 1.625/DF, cujos autores são a Confederação Nacional dos Trabalhadores na Agricultura — CONTAG e a Central Única dos Trabalhadores — CUT. Visa-se à declaração de inconstitucionalidade do Decreto n. 2.100/1996, que tornou pública a denúncia da Convenção n. 158 da OIT. Ainda não há posicionamento da Corte sobre o tema.

Na petição inicial também se defendeu a impossibilidade de denúncia de tratados internacionais sem o assentimento prévio do Congresso Nacional, tendo os peticionários argumentado que o art. 49, I, da CF/1988 "obrigou o governo brasileiro a que toda e qualquer denúncia por ele intencionada, seja devidamente aprovada pelo Congresso Nacional, sem o que, estar-se-á violando o referido dispositivo constitucional".[99]

Além dos aspectos de fundo, há ainda as ponderações quanto à forma, já que sequer o prazo previsto para denúncia válida da convenção foi observado, seja quando a contagem é iniciada a partir da ratificação no país signatário, seja quando considerada a vigência da convenção em âmbito internacional. Afinal, é assim que dispõe o art. 17 da Convenção n. 158:

> Todo Membro que tenha ratificado a presente Convenção poderá denunciá-la ao expirar o prazo de dez anos, contados da data inicial da vigência da Convenção, por meio de um ato comunicado ao Diretor-Geral da Repartição Internacional do Trabalho e por ele registrado. A denúncia somente se tornará efetiva um ano após haver sido registrada.

Nesse sentido, aduz Souto Maior que:

> [...] conforme ensina Cássio Mesquita Barros Jr., mesmo que considerada a possibilidade de se efetuar a denúncia, tomando-se como parâmetro a vigência da Convenção 158 no âmbito internacional, a Convenção só poderia ter sido denunciada até 22 de novembro de 1996, vez que a Convenção, adotada pela 68ª da OIT, em 22 de junho de 1982 entrou em vigor no âmbito internacional em 23 de novembro de 1985, após efetivadas duas ratificações junto à OIT, conforme previsto no art. 15.2 da Convenção. Assim, mesmo considerando-se o prazo dos doze meses subsequentes ao decênio de vigência no plano internacional, a denúncia somente poderia ser efetivada pelo Brasil até 22 de novembro de 1996. Mas, como se viu, o Decreto de denúncia foi publicado em 23 de novembro, e ainda para produzir efeitos a partir de 20 de novembro do ano seguinte.

---

(98) SOUTO MAIOR, Jorge Luiz. Convenção 158 da OIT: dispositivo que veda a dispensa arbitrária é auto-aplicável... *Op. cit.*
(99) MAZZUOLI, Valerio de Oliveira. *Op. cit.*, p. 310.

Além disso, não é sequer correta esta interpretação de que o prazo de 10 anos de vigência, para se efetuar a denúncia, conta-se a partir da vigência da Convenção no âmbito internacional. Conforme ensina Arnaldo Süssekind, o prazo de 10 anos conta-se a partir "de cada ratificação" e não do prazo de vigência internacional da Convenção original.[100]

Logo, com amparo em parte da doutrina, e em observância ao contido no art. 17 da Convenção, a denúncia válida do instrumento internacional, após participação dos Poderes Executivo e Legislativo, só poderia ser feita a partir de 10 de abril de 2006, ou seja, quando completados 10 anos de sua vigência no plano interno, ressalvando-se ainda que ela só seria efetiva após um ano de seu registro junto ao Diretor-Geral da Repartição Internacional do Trabalho.

Vê-se, portanto, que foram numerosos e graves os atos praticados pelo Chefe do Poder Executivo ao denunciar a Convenção n. 158 da OIT, o que enseja, sem sombra de dúvidas, o reconhecimento da inconstitucionalidade do Decreto n. 2.100/1996. Defende-se, portanto, a plena vigência da Convenção n. 158 da OIT no ordenamento jurídico brasileiro.

---

(100) SOUTO MAIOR, Jorge Luiz. Convenção n. 158 da OIT: dispositivo que veda a dispensa arbitrária é auto-aplicável... *Op. cit.*

3
A despedida coletiva no Brasil

> *Você deve notar que não tem mais tutu*
> *e dizer que não está preocupado*
>
> *Você deve lutar pela xepa da feira*
> *e dizer que está recompensado*
>
> *Você deve estampar sempre um ar de alegria*
> *e dizer: tudo tem melhorado*
>
> *Você deve rezar pelo bem do patrão*
> *e esquecer que está desempregado.*[101]

A despedida coletiva, como já esclarecido, requer tratamento jurídico diferenciado da despedida individual, pelos inúmeros aspectos fáticos, sociais e jurídicos mencionados ao longo da explanação. O tratamento jurídico proposto à primeira está disposto a partir da conjugação de elementos constitucionais e infraconstitucionais, que não dispensam uns aos outros; pelo contrário, agem em harmonia e em dois planos distintos mas complementares.

Poder-se-ia indagar a respeito da necessidade jurídica de buscar uma solução a contento para a situação fática trazida a lume pela despedida coletiva, por meio dos institutos de natureza civil, quando nossa Constituição, por si, já nos traz fundamentos de tão bela monta. Justifica-se a opção metodológica de tratar a despedida coletiva em dois planos de concreção distintos — constitucional e infraconstitucionalmente — por se entender que o tema lança raízes profundas por todo o ordenamento, que, como tal, deve ser compreendido em sua inteireza e de forma harmoniosa. Mais do que isto. Busca-se convencer aqueles que são descrentes quanto à incidência imediata das normas constitucionais de que, no plano das regras jurídicas, a conclusão é a mesma, e, embora se parta de fundamentação distinta, a lógica da racionalidade aplicada é complementar.

---

(101) GONZAGUINHA. Comportamento geral. In: *Luiz Gonzaga Junior*. EMI-Odeon, 1973.

Outro questionamento poderia ser feito quanto à opção de se recorrer às normas de natureza civilística, quando, historicamente, o Direito do Trabalho delas se apartou há tempos, em busca de sua identidade tão peculiar. Ocorre que o Direito do Trabalho pátrio continua a compartilhar com o Direito Civil um considerável número de institutos e princípios. Além disso, o Código Civil, que data do ano de 2002, já se embebeu da influência constitucional e de seus princípios mais caros de valorização da pessoa humana, ao passo que a Consolidação das Leis do Trabalho, apesar de seu vanguardismo, foi projetada e pensada no início da década de 1940, a partir de legislação esparsa já existente.

Não se esqueça da disposição contida no art. 5º da Lei de Introdução às Normas do Direito Brasileiro, "que regulando a aplicação das normas jurídicas, serve de porta de entrada para os valores constitucionais na legislação civil ao determinar que, 'na aplicação da lei, o juiz atenderá aos fins sociais e às exigências do bem comum'".[102]

Assim, o recurso às normas civilísticas não é um retrocesso. Pelo contrário. Trazê-las à baila para fortalecimento das normas constitucionais e para florescimento dos princípios trabalhistas só comprova que o ordenamento jurídico pode e deve ser tratado como um corpo unitário, que desconhece rótulos e classificações tão comuns e às vezes tão nocivos.

> Sendo assim, se os princípios constitucionais podem ser aplicados diretamente sobre as relações privadas, o abuso do direito pode servir como o condutor, ou o instrumento que facilita essa aplicação, remetendo ainda o exercício do direito aos parâmetros de atendimento às finalidades econômicas e sociais, aos costumes e à boa-fé, conforme previsto no art. 187 do Código Civil.
>
> Não se procura aqui restringir a aplicação de princípios constitucionais, submetendo a sua atuação, quando restringir o exercício de direitos por seus titulares, à infração de algum dos elementos constantes do art. 187. Isso seria subverter a própria essência da metodologia civil-constitucional. Porém, a indicação de limites ao comportamento individual prevista no referido artigo pode sim ser utilizada para canalizar a aplicação dos princípios constitucionais. Nesse ponto, o abuso do direito não está em crise, mas é reforçado quando mais consistente e constante se torna a interpretação do Código Civil à luz da Constituição.[103]

Não se deve esquecer que o Código Civil dispõe de normas gerais válidas para todo o Direito Privado e serão suas regras acerca das consequências jurídicas de atos — especificamente o negócio jurídico causal — tidos como inválidos que trarão as medidas saneadoras e reparatórias para as despedidas coletivas tidas por insubsistentes, procedimental ou meritoriamente.

---

(102) MORAES, Maria Celina Bodin de. *Na medida da pessoa humana*: estudos de Direito Civil-Constitucional. Rio de Janeiro: Renovar, 2010. p. 16.
(103) SOUZA, Carlos Affonso Pereira de. *Abuso do direito nas relações privadas*. Rio de Janeiro: Elsevier, 2013. p. 149.

3.1 ASPECTOS CONSTITUCIONAIS

3.1.1 Carga eficacial das normas constitucionais

A Constituição Federal constitui o instrumento jurídico mais importante do nosso ordenamento e, em razão de sua relevância normativa, não se pode crer que constitua um pacto tão somente de cunho político e moral. Não é nossa intenção discorrer sobre a classificação das normas constitucionais ou ainda discutir acerca da natureza que possuem. Isso porque se parte da premissa de que estão aptas a agirem no mundo dos fatos, dependendo sua efetividade[104] muito mais de um posicionamento maduro e seguro quanto ao seu conteúdo de transformação social do que propriamente de algum requisito a elas intrínseco.

Assim como Sarmento,[105] não nos parece crível que se faça ciência jurídica sem dogmática; mas o que causa estranheza é a ideia de que o desenvolvimento e a defesa de um posicionamento jurídico possam ser feitos de modo impassível à ideologia ou à utopia e ao compromisso com a alteração ou manutenção do *status quo*, por meio de uma suposta neutralidade.[106]

> *Neutralidade* é um conceito possivelmente mais complexo de se delinear do que o de objetividade. A objetividade busca uma razão científica de validade geral. A neutralidade se dilui em muitos aspectos diferentes. Alguns deles não são de difícil implementação, como a *imparcialidade* — ausência de interesse imediato na questão — e a *impessoalidade* — atuação pelo bem comum, e não para o favorecimento de alguém. Basta seriedade e vontade de fazer bem feito para atender a tais imperativos. Mas a neutralidade pressupõe algo impossível: que o intérprete seja indiferente ao produto de seu trabalho. É claro que há uma infindável quantidade de casos decididos pelo Judiciário que não mobilizam o juiz em nenhum sentido que não o de burocraticamente cumprir seu dever. Outros tantos casos, porém, envolvem a escolha de valores e alternativas possíveis. E aí, mesmo quando não atue em nome de interesses de classe ou estamentais, ainda quando não milite em favor do próprio interesse, o intérprete estará sempre promovendo as suas próprias crenças, a sua visão de mundo, o seu senso de justiça.
>
> A ideia de neutralidade do Estado, das leis e seus intérpretes, divulgada pela doutrina liberal-normativista, toma por base o *status quo*. Neutra é a decisão ou a atitude que não afeta nem subverte as distribuições de poder e riqueza existentes na

---

(104) "[...] a efetividade significa, portanto, a realização do Direito, o desempenho concreto de sua função social. Ela representa a materialização, no mundo dos fatos, dos preceitos legais e simboliza a aproximação, tão íntima quanto possível, entre o dever normativo e o ser da realidade social." (BARROSO, Luís Roberto. Citado por SARLET, Ingo Wolfgang. *A eficácia dos direitos fundamentais... Op. cit.*, p. 237).

(105) "Guia-nos a ideia de fazer ciência — e sem dogmática não há ciência —, mas não uma ciência 'pura', no modelo da Escola de Viena, descomprometida com valores e com os problemas do mundo, e sim uma ciência transformadora, que, abdicando de qualquer pretensão de neutralidade axiológica, se assuma como ferramenta para emancipação social." (SARMENTO, Daniel. *Op. cit.*, p. XXIX).

(106) Assim, no sentido em que considera Michel Löwy: "As visões sociais de mundo poderiam ser de dois tipos: visões ideológicas, quando servissem para legitimar, justificar, defender ou manter a ordem social do mundo; visões sociais utópicas, quando tivessem uma função crítica, negativa, subversiva, quando apontassem para uma realidade ainda não existente." (LÖWY, Michael. *Ideologias e ciência social*: elementos para uma análise marxista. 7. ed. São Paulo, 1991. p. 14).

sociedade, relativamente à propriedade, renda, acesso às informações, à educação, às oportunidades etc. Ora bem: tais distribuições — isto é, o *status quo* — não são fruto do acaso ou de uma ordem natural. Elas são produto do direito posto. E, frequentemente, nada têm de justas. A ordem social vigente é fruto de fatalidades, disfunções e mesmo perversidades históricas. Usá-la como referência do que seja neutro é evidentemente indesejável, porque instrumento de perenização da injustiça.[107]

A ciência, especialmente a do Direito, só se justifica se e quando seu estudo se volta para potencializar recursos humanos e materiais, em uma luta constante entre o *ser* e *dever-ser*. O Direito não lida apenas com fatos pretéritos, perenizando-os ou sancionando-os; seu intento deve ser também lançar expectativas para o futuro, de modo que possa ser instrumento de alteração do *estado das coisas*, naquilo em que a conformação não se mostra mais consentânea.

A Constituição não configura, portanto, apenas expressão de um ser, mas também de um dever ser; ela significa mais do que o simples reflexo das condições fáticas de sua vigência, particularmente as forças sociais e políticas. Graças à pretensão de eficácia, a Constituição procura imprimir ordem e conformação à realidade política e social. Determinada pela realidade social e, ao mesmo tempo, determinante em relação a ela, não se pode definir como fundamental nem a pura normatividade, bem a simples eficácia das condições sócio-políticas e econômicas. A força condicionante da realidade e a normatividade da Constituição devem ser diferençadas; elas não podem, todavia, ser definidamente separadas ou confundidas.[108]

Tem-se dessa forma que a Constituição é palco de uma luta acirrada,[109] na qual as armas utilizadas não são propriamente suas normas, mas o alcance da interpretação que a elas se dá, ou, em outros termos, o conteúdo que se extrai da *vontade constitucional*.

Essa força impõe-se de forma tanto mais efetiva quanto mais ampla for a convicção sobre a inviolabilidade da Constituição, quanto mais forte mostrar-se essa convicção entre os principais responsáveis pela vida constitucional. Portanto, a intensidade da força normativa da Constituição apresenta-se, em primeiro plano, como uma questão de vontade normativa, de vontade da Constituição.[110]

---

(107) BARROSO, Luís Roberto. *Interpretação e aplicação da Constituição*. 7. ed. São Paulo: Saraiva, 2009. p. 292-293.
(108) HESSE, Konrad. *A força normativa da Constituição*. Tradução Gilmar Ferreira Mendes. Porto Alegre: Sergio Antonio Fabris, 1991. p. 15.
(109) "Ao invés da rejeição da dogmática jurídica, e da busca da Justiça fora do direito positivado, que tantos perigos encerram, parece uma estratégia muito mais segura e inteligente a aposta na força normativa da Constituição como instrumento de emancipação social. Trata-se de usar a interpretação constitucional como um 'espaço de luta' [...]." (SARMENTO, Daniel. *Op. cit.*, p. 55).
(110) HESSE, Konrad. *Op. cit.*, p. 24.

Assim, para nós, muito mais relevante, para embasamento da temática que se propõe discutir, é defender aguerridamente seu poder de alteração no mundo dos fatos, ao invés de teorizar abstratamente sobre o potencial de cada uma das normas constitucionais, seus elementos, requisitos, limites — o que já foi feito, muito e bem, por diversos autores de renome.

O que não se quer crer é que justamente as normas jurídicas mais relevantes do sistema sejam rebaixadas a normas futurísticas, figurativas e coadjuvantes. "Negar ou reservar para hipóteses excepcionais a incidência direta da Constituição sobre as situações da vida significa desprestigiar a ideia da Constituição como norma jurídica, tornando-a dependente da incerta boa vontade do legislador ordinário."[111] As normas constitucionais têm que ser elevadas a seu posto de comando — comando esse impositivo, cogente e de efeitos práticos imediatos — e isso só será possível, não quando o legislador infraconstitucional assim acreditar, mas quando a interpretação jurídica comprometer-se com seu papel transformador; afinal, no campo do Direito do Trabalho, continuará sempre atual o conflito trabalho *vs.* capital.

Finalmente, a interpretação tem significado decisivo para a consolidação e preservação da força normativa da Constituição. A interpretação constitucional está submetida ao princípio da ótima concretização da norma. Evidentemente, esse princípio não pode ser aplicado com base nos meios fornecidos pela subsunção lógica e pela construção conceitual. Se o direito e, sobretudo, a Constituição, têm a sua eficácia condicionada pelos fatos concretos da vida, não se afigura possível que a interpretação faça deles tábua rasa. Ela há de contemplar essas condicionantes, correlacionando-as com as proposições normativas da Constituição. A interpretação adequada é aquela que consegue concretizar, de forma excelente, o sentido da proposição normativa dentro das condições reais dominantes numa determinada situação.[112]

A leitura da Constituição Federal demonstra que foram vários os valores, por vezes antagônicos, eleitos como basilares da sociedade brasileira, o que não poderia deixar de ser quando se abarca a pluralidade de interesses dos mais diversos matizes, numa era em que o capitalismo ou o neoliberalismo domina anseios, dita desejos e impregna no seio social sua lógica de lucro desmedido e consumo sem limites. Mas uma coisa também é certa: a Constituição fez uma opção clara quanto à redução da miséria e das iniquidades, quanto à busca de uma melhoria constante das condições sociais dos brasileiros, quanto à proteção dos menos favorecidos, tanto que é conhecida como "Constituição Cidadã".

Quando trata da liberdade, a Constituição brasileira não é acometida pela cegueira que vitimava as cartas pré-weberianas, que cerravam seus olhos para a opressão decorrente da desigualdade material instalada na sociedade e capilarizada através das suas múltiplas instituições. Muito pelo contrário, ela propõe-se a reduzir esta

---

(111) HESSE, Konrad. *Op. cit.*, p. 81.
(112) *Ibidem*, p. 22-23.

desigualdade, a proteger o fraco do mais forte, a assegurar condições mínimas de existência para todos, já que, sem isto, a liberdade não passa de retórica vazia.[113]

Entender que o pacto político-jurídico de 1988 é um instrumento de avanço social é fundamental para atribuir às suas normas o poder de agir diretamente sobre toda e qualquer situação que demande, antes de mais nada, proteção aos direitos fundamentais, seja em sua faceta mais conhecida — exercida contra o Poder Público —, seja em sua perspectiva mais contestada — contra titulares de outros tantos direitos também fundamentais.

A constatação de que o poder não fica circunscrito àqueles constituídos significa a possibilidade de identificá-lo em qualquer relação assimétrica, onde o poder de fato ou, mais comumente, o poder do capital causa submissão e desigualdade.

Ademais, com a crise do Estado do Bem-Estar e o agravamento da desigualdade econômica, só se fortaleceu o poder social de alguns atores privados, em especial as empresas multinacionais. Segundo o 1996 Policy Studies Report, das 100 maiores economias mundiais, só 49 são os Estados Nacionais, enquanto as outras 51 constituem empresas privadas transnacionais. Neste contexto, negar a extensão dos direitos humanos às relações que um indivíduo hipossuficiente trava com um destes Leviatãs privados soa como piada de mau gosto.

Por outro lado, diante da virtual falência econômica do Welfare State, decorrente da incapacidade do Estado de arcar com os custos cada vez maiores das prestações sociais exigidas pela coletividade, da brutal desigualdade econômica, e da necessidade impostergável de garantia de direitos sociais básicos para a população carente, a eficácia horizontal dos direitos fundamentais de 2ª geração parece uma saída atraente. Com ela, recupera-se a noção de solidariedade, revestindo-a de juridicidade. Sob esta ótica, os poderes econômicos privados têm não apenas o dever moral de garantir certas prestações sociais para as pessoas carentes com que se relacionarem, mas também, em certas situações, a obrigação jurídica de fazê-lo.[114]

O poder social exercido por alguns particulares é tão assombroso que chega mesmo a intimidar nações inteiras, que se dirá de consumidores e empregados, por exemplo. É como se o instituto da soberania estatal, tão utilizado como fundamento para muitas vezes negar *status* privilegiado a normas internacionais, fosse ignorado pelo capital, que adentra as fronteiras nacionais sem se importar com os valores do povo e com as consequências brutais da exclusão daqueles "perdedores" que ficaram para trás no processo de competição instituído pelo mercado, além de incutir neles a responsabilidade pelo destino miserável que levam.

Se a opressão e a injustiça não provêm apenas dos poderes públicos, surgindo também nas relações privadas travadas no mercado, nas relações laborais, na sociedade

---

(113) HESSE, Konrad. *Op. cit.*, p. 175.
(114) SARMENTO, Daniel. *Op. cit.*, p. 35.

civil, na família, e em tantos outros espaços, nada mais lógico do que estender a estes domínios o raio de incidência dos direitos fundamentais, sob pena de frustração dos ideais morais e humanitários em que eles se lastreiam.

Diante da brutal desigualdade material que se verifica na sociedade, torna-se imperativo condicionar os atores privados — sobretudo os investidos de maior poder social — ao respeito dos direitos fundamentais. A ficção da igualdade jurídica entre os indivíduos, num contexto de gritantes desigualdades sociais, não se presta mais para justificar a imunidade dos particulares aos direitos fundamentais, a partir do dogma da autonomia privada.[115]

O agigantamento do capital, a ausência de fronteiras para sua atuação, a dependência econômica das nações e a atual inviabilidade de alteração do panorama do padrão de desenvolvimento econômico requerem uma reflexão mais apurada das funções estatais (e que suplanta o objeto e os limites desta pesquisa), sobretudo quando está em jogo a delimitação do que é o interesse público e de qual é o papel do Estado na fixação de balizas da exploração do trabalho humano.

Na realidade está existindo uma crise de governo decorrente de um processo de globalização que pretende conceder os maiores poderes de direção às grandes empresas multinacionais e às instituições financeiras, ou seja, deslocar o interesse público à subordinação da empresa e não mais ao Estado. Governos, que são os responsáveis pelo bem-estar social, renunciam a esse direito-obrigação em nome de uma felicidade que seria decorrente do consumo assegurado pelas grandes corporações, como se fosse possível entender que a empresa privada tem como objetivo o homem e não o lucro.[116]

Foi a percepção do anacronismo proporcionado pela desigualdade econômica e jurídica entre as partes contrapostas que fez com que o Direito do Trabalho se desligasse do Direito Civil, constituindo-se uma ciência autônoma. Mas o progresso daí advindo só será mantido se o Direito do Trabalho for dotado de mecanismos que permitam dosar a autonomia privada, lembrando-a de que o ser humano e sua dignidade devem ser necessariamente considerados. Não se trata de atingir o *núcleo essencial* do direito à liberdade, mas de fazê-lo obedecer ao *conteúdo mínimo* de direitos tão ou mais relevantes, já que não se concebem direitos absolutos.

A garantia de proteção do núcleo essencial dos direitos fundamentais aponta para a parcela do conteúdo de um direito sem a qual ele perde a sua mínima eficácia, deixando, com isso, de ser reconhecível como um direito fundamental. Com efeito, a limitação de um direito fundamental não pode privá-lo de um mínimo de eficácia.[117]

---

(115) SARMENTO, Daniel. *Op. cit.*, p. 25.
(116) MACIEL, José Alberto Couto. *Desempregado ou supérfluo? Globalização*. LTr: São Paulo, 1998. p. 19.
(117) SARLET, Ingo Wolfgang. *A eficácia dos direitos fundamentais... Op. cit.*, p. 402.

Muito se fala sobre os efeitos danosos advindos com a aplicação imediata dos preceitos constitucionais a casos concretos, argumentos que vão da ofensa à democracia ao extenso poder discricionário do juiz.

Nesse sentido, Maria Cristina Irigoyen Peduzzi:

> Tanto o pensamento de Ana Paula Barcellos, na premissa da priorização do princípio da dignidade da pessoa humana, o de Ingo Sarlet, que traz à reflexão também a ideia de mínimo existencial, como o de Humberto Ávila, que transforma o princípio em "metanorma", a gerar o mecanismo de balanceamento, são expressões de uma concepção teórica que ganha, cada vez mais, espaço na doutrina e jurisprudência nacionais: uma perspectiva axiológica do direito, que, aparentemente mostrando o intuito de dar efetividade a princípios jurídicos e, em especial, ao princípio da dignidade da pessoa humana, acaba por torná-lo condicionado à discricionariedade do juiz, que traz para si o controle do debate axiológico e político em torno de sua aplicação.[118]

A nós nos parece que democracia só existe de fato quando a liberdade de uns não esmaga o direito de muitos, quando o capital possui limites éticos e jurídicos, quando o cidadão é considerado digno pelo simples fato de ser, quando o patrimônio não é instrumento de subjugação, mas mecanismo de promoção do bem-estar de seus proprietários e de toda a sociedade.

> Mas a verdade, já diagnosticada por Karl Marx, é que o campo das relações privadas também é permeado pelo poder e pela sujeição. Enquanto houver fortes e fracos, incluídos e excluídos, poderosos e sem-poder, os primeiros tenderão a subjugar os segundos, cuja autonomia tornar-se-á fictícia.[119]

E quantos aos limites da atuação jurisdicional? Não há imposição maior a um julgador do que cumprir a Constituição de seu país.

> Portanto, quando o legislador, movendo-se dentro do âmbito de possibilidades demarcadas pela ordem constitucional, adotar determinada opção no que tange à regulação das relações privadas, é evidente que esta vai vincular o Judiciário, que continua jungido pelo princípio da legalidade. Todavia, daí não resulta a impossibilidade de o Judiciário aplicar diretamente a Constituição em casos concretos de Direito Privado, nem tampouco que se possa apontar a excepcionalidade desta prática. Rotular de excepcional esta aplicação direta da Constituição importa em desestimulá-la. O recado para os juízes embutido nesta posição seria o de que

---

(118) PEDUZZI, Maria Cristina Irigoyen. *O princípio da dignidade humana na perspectiva do Direito como integridade*. São Paulo: LTr, 2009. p. 51.
(119) SARMENTO, Daniel. *Op. cit.*, p. 262.

devem manter-se distantes da Constituição e fiéis às leis privadas, recorrendo diretamente à primeira só em circunstâncias especiais, de rara ocorrência, quando as normas ordinárias forem absolutamente lacunosas. Teríamos aqui uma inversão completa, pela qual a norma superior se converteria em mero instrumento de integração das que lhe são subordinadas, o que repugna ao próprio princípio da supremacia material e formal da Constituição. Na verdade, o que cumpre fazer é exatamente o contrário: estimular a aplicação dos princípios constitucionais sobre as relações privadas, como meio não apenas de afirmação da normatividade da Lei Maior, mas sobretudo como forma de humanização do Direito Privado, que só terá a ganhar com esta ligação mais íntima e estreita com a Constituição e com seus valores sociais.[120]

Ao juiz não cabe a mera subsunção do fato à lei, vez que, do contrário, sua atividade seria meramente repetidora, oposto do que se espera de julgamento, atividade preponderantemente criadora. A atividade jurisdicional deve *atualizar* a norma aos fatos, empregando em seu bojo o espírito da lei, que deve necessariamente refletir a *vontade constitucional*, sob pena de ser repelida. Ademais, a imprescindível fundamentação da atividade jurisdicional promove sua legitimação, motivo pelo qual não há que se falar em ampla margem de discricionariedade do juiz ao aplicar as normas constitucionais, mas sim em exercício legítimo da jurisdição constitucional, dada a todo e qualquer magistrado.

Eugênio Fachini Neto, nesse sentido, pondera que se trata de:

afirmar que o jurista, especialmente o juiz, deve firmemente orientar sua atividade jurisdicional — quer quando julga litígios de natureza pública, quer quando decide conflitos intersubjetivos de natureza privada — no sentido do horizonte traçado pela Constituição, qual seja, repita-se, a edificação de uma sociedade mais justa, livre e solidária, construída sobre o fundamentalíssimo pilar da dignidade de todos os seus cidadãos. Isso significa, necessariamente, que a magistratura deve ser copartícipe de uma política de inclusão social, não podendo aplicar acriticamente institutos que possam representar formas excludentes de cidadania.[121]

Imaginar que a Constituição Federal seria apenas objeto de consulta e de inspiração significaria retirar sua força normativa, e assim, como Ferdinand Lassale, equipará-la a folhas de papel desconexas da realidade e sem potencial de efetividade social.

A chamada Constituição dirigente substitui as antigas constituições liberais, contendo um projeto global de transformação da sociedade, mas a ambição normativa desmedida destes textos vai enfrentar enormes dificuldades para se impor na prática. As promessas descumpridas vão se acumular nos textos constitucionais,

---

(120) SARMENTO, Daniel. *Op. cit.*, p. 82-83.
(121) FACCHINI NETO, Eugênio. Reflexões histórico-evolutivas sobre a constitucionalização do direito privado. In. SARLET, Ingo Wolfgang (Org). *Constituição, Direitos Fundamentais e Direito Privado*. Porto Alegre: Livraria do Advogado, 2003. p. 55, *apud* GONDINHO, André Osório. *Direito Constitucional dos contratos*: a incidência do princípio da dignidade da pessoa humana. São Paulo: Quartier Latin, 2010. p. 113.

aqui e alhures, frustrando expectativas e disseminado a ideia de que as constituições não são para valer; que não passam de folhas de papel, no sentido de Lassale, ou de peças retóricas de gosto duvidoso, muito longe da realidade das pessoas.[122]

Cabe aos intérpretes, e aqui se refere sobretudo aos órgãos do Poder Judiciário, "dar vida" ao texto constitucional, retirá-lo do papel e fazê-lo mover a poeira do gesso há tanto arraigado em suas entrelinhas.

3.1.2 A dignidade da pessoa humana como princípio fundante da Constituição Federal e dos direitos trabalhistas

A dignidade da pessoa humana não constitui propriamente um direito,[123] mas exerce o papel de princípio basilar dos direitos fundamentais e de valor intrínseco a todo o ordenamento jurídico.

> [...] temos por dignidade da pessoa humana a qualidade intrínseca e distintiva reconhecida em cada ser humano que o faz merecedor do mesmo respeito e consideração por parte do Estado e da comunidade, implicando, neste sentido, um complexo de direitos e deveres fundamentais que assegurem a pessoa tanto contra todo e qualquer ato de cunho degradante e desumano, como venham a lhe garantir as condições existenciais mínimas para uma vida saudável, além de propiciar e promover sua participação ativa e co-responsável nos destinos da própria existência e da vida em comunhão com os demais seres humanos, mediante o devido respeito aos demais seres que integram a rede da vida.[124]

Fácil relacioná-la, portanto, aos direitos trabalhistas, cuja origem e finalidade remontam à proteção do ser humano hipossuficiente jurídica e economicamente. Embora se esteja ciente do alargamento demasiado na utilização do termo para os mais diversos fins, o que pode levar ao esvaziamento de seu conteúdo e à desconsideração de sua relevância, fato é que não há como apartar a dignidade da pessoa humana das relações trabalhistas, vez que é por meio destas que, para maior parte da humanidade, as necessidades básicas fundamentais são supridas, ou deveriam sê-lo. Vai-se mais adiante para dizer que, além do aspecto material, que é provido pela contraprestação devida em razão da prestação da força laboral, o trabalho — e, mais especificamente, o emprego — é o sustentáculo moral e psicológico do ser humano, fonte de vitalidade e superação.

Os ideais *trabalho e dignidade humana* são indissociáveis. A vida de trabalho sem dignidade é a redução do ser humano à condição animal ou análoga à de escravo. Essa é a razão pela qual a nossa atual Constituição, antes de elencar o valor social

---

(122) SARMENTO, Daniel. *Op. cit.*, p. 24.
(123) BARROSO, Luís Roberto. *A dignidade da pessoa humana no Direito Constitucional contemporâneo*. Belo Horizonte: Fórum, 2013.
(124) SARLET, Ingo Wolfgang. *Dignidade da pessoa humana e direitos fundamentais na Constituição Federal de 1988*. Porto Alegre: Livraria do Advogado, 2012. p. 73.

do trabalho e a livre iniciativa como fundamentos da República, arrolou o fundamento que se qualifica como âncora dos direitos sociais: a *dignidade da pessoa humana*.[125]

Os direitos e deveres insculpidos na Constituição Federal devem ser interpretados à luz da dignidade da pessoa humana, que atua como uma chave que permite decodificar o conteúdo das normas, impondo-lhes limites e filtros, mediante os quais os valores mais caros à sociedade brasileira se fazem concretos.

> Esse é o primeiro papel de um princípio como a dignidade humana: funcionar como uma fonte de direitos — e, consequentemente de deveres —, incluindo os direitos não expressamente enumerados, que são reconhecidos como parte das sociedades democráticas maduras.[126]

A relação trabalhista, caracterizada em seus primórdios pelo princípio da proteção ao trabalhador, mas, por outro lado, concebida diante da ampla autonomia da vontade patronal, ganha contorno mais social, no sentido de que as partes envolvidas não são pinçadas dos diversos papeis que desempenham, sobretudo do de cidadãos, para, neutros, serem vistos tão somente como empregado e empregador.

> Parece igualmente incontestável que a titularidade da empresa pelo empregador não envolve que se coloque a posição dos trabalhadores como de meros contraentes, estranhos, prestadores de força de trabalho, como dizem Canotilho/Jorge Leite, "sujeitos passivos de uma organização alheia, que dispõe das pessoas e dos bens". Na realidade, os trabalhadores, chamados ao trabalho e, por via deste, à cidadania profissional, nos próprios termos do paradigma constitucional convocado pelos autores citados, possuem, eles também, poderes individuais e sobretudo colectivos de intervenção na empresa. A titularidade da empresa não envolve a propriedade ou o senhorio desta, com o seu carácter absolutizante e excludente, mas está desde logo limitada; gravam sobre a empresa outras posições jurídicas, direitos e expectativas dos trabalhadores que o empregador/titular da mesma empresa deve juridicamente respeitar. Os trabalhadores *não estão sujeitos*, no sentido de "submetidos", à empresa: são *sujeitos* de direito na empresa, nela titulares de interesses e posições jurídicas instituídas claramente pelas nossas leis. Desde logo, como vimos, em todo o rico instrumentário que garante o funcionamento *na empresa* da comissão de trabalhadores, com direito a informação, audição, discussão quanto a um temário inesgotável de assuntos que vai para além do que directamente tange às relações de trabalho. E o mesmo se dirá *mutatis mutandis* da intervenção sindical.[127]

A dignidade do ser humano deve ser preservada, e por que não se dizer potencializada, no âmbito da relação de trabalho, sobretudo quando se tem em conta a impotência do

---

(125) PANCOTTI, José Antonio. *Op. cit.*, p. 530.
(126) BARROSO, Luís Roberto. *A dignidade da pessoa humana... Op. cit.*, p. 66.
(127) XAVIER, Bernardo da Gama Lobo. *Op. cit.*, p. 717.

empregado frente ao grande capital. A relação de trabalho é, pelo seu próprio delineamento, um campo farto para o exercício abusivo do direito de propriedade, principalmente quando a ideia de poder *potestivo* ainda é tão forte, como ainda hoje.

> Nesse eito, o fato de o trabalhador colocar os pés numa organização hierárquica (visualiza-se o pátio de entrada de uma fábrica para manter a tradição) gerida por outrem não significa a suspensão de direitos constitucionais e infraconstitucionais que lhe são conferidos na condição de cidadão.[128]

É a dignidade da pessoa humana, fundamento da República Federativa do Brasil, que proporcionará a convivência entre o valor social do trabalho e a livre iniciativa. É ela que permitirá reinterpretar o poder de comando do empregador, retirando sua capa de atributo absoluto e ilimitado.

> No Brasil, a inserção do princípio da dignidade da pessoa humana no rol dos valores fundamentais da República brasileira significa que o mesmo foi considerado pelo constituinte regra fundamental, apta a instrumentalizar todo o tecido constitucional e, por via de consequência, todas as normas infraconstitucionais, criando um parâmetro interpretativo e imperativo do ordenamento jurídico.[129]

Há muito se faz necessário repensar os limites e o conteúdo do poder diretivo do empregador. Imaginado numa era em que o operariado era visto como massa uniforme e desprovida de individualidade, o poder de direção tem ganhado, com o passar dos anos, ares de direito absoluto e intocável, principalmente quando se trata do poder de despedida. O raciocínio mais difundido é o de que aquele que é detentor da propriedade, e, por consequência, do posto de trabalho, pode dele dispor livremente, solto de toda e qualquer amarra que o faça justificar ou negociar a troca do empregado ou a extinção da vaga de emprego. Contudo, a função social do contrato e da propriedade e a crescente necessidade de valorização da dignidade do trabalhador impõem um novo mecanismo, que faça, de fato, conciliar a liberdade contratual e os valores constitucionais, como o do pleno emprego.

Apesar de opiniões em contrário,[130] não se quer crer que a dignidade da pessoa humana possa ser interpretada e equiparada como tão somente mais um elemento constitucional. Acredita-se e defende-se que ela ocupa lugar jurídico privilegiado no sistema constitucional e que ela é o vetor que deve orientar toda e qualquer decisão jurídica. Justifica-se o posicionamento pela filosofia de que o homem, e, em especial, o trabalhador, não pode ser considerado, em hipótese alguma, sem sua dignidade.

> Num primeiro momento — convém frisá-lo —, a qualificação da dignidade da pessoa humana como princípio fundamental traduz a certeza de que o artigo 1º, inciso III, de nossa Lei Fundamental não contém apenas (embora também e acima de

---

(128) COSTA, Marcelo Freire Sampaio. *Eficácia dos direitos fundamentais entre particulares*: juízo de ponderação no Processo do Trabalho. LTr: São Paulo, 2010. p. 95.
(129) GONDINHO, André Osório. *Op. cit.*, p. 30.
(130) PEDUZZI, Maria Cristina Irigoyen. *Op. cit.*

tudo) uma declaração de conteúdo ético e moral, mas que constitui norma jurídico-positiva dotada, em sua plenitude, de *status* constitucional formal e material e, como tal, inequivocamente carregado de eficácia, alcançando, portanto — tal como sinalou Benda — a condição de valor jurídico fundamental da comunidade. Importa considerar, neste contexto, que, na sua qualidade de princípio e valor fundamental, a dignidade da pessoa humana constitui — de acordo com a preciosa lição de Judith Martins-Costa, autêntico "valor fonte que anima e justifica a própria existência de um ordenamento jurídico", razão pela qual, para muitos, se justifica plenamente sua caracterização como princípio constitucional de maior hierarquia axiológico-valorativa (*höchstes wertsetzendes Verfassungsprinzip*).[131]

Independentemente das críticas quanto a tal posição ter cunho jusnaturalista, não se desconsidera que a ideia está em consonância com a construção histórica que o instituto vem alcançando. Mais que um direito inerente a todo ser humano, a elevação da dignidade ao patamar de princípio fundante do ordenamento jurídico privilegia a história e as evoluções e desconstruções do Direito brasileiro ao longo das últimas duas décadas. E, com isso, envolve-a de um substrato jurídico inegável, afastando as alegações de que para cada intérprete haveria uma dignidade distinta.

3.1.3 A função social da propriedade

A Constituição Federal prevê que a propriedade deverá cumprir sua função social. Interessante perceber que essa previsão constitucional se encontra entre os direitos e garantias fundamentais (art. 5º, XXIII), mas também como princípio da ordem econômica (art. 170, III).

Ao invés de opor o direito de propriedade a sua função social, a interpretação constitucional requer que os conceitos sejam interpretados em harmonia, buscando-se a complementaridade entre eles.

O ideário de um direito absoluto, baseado no egoísmo e no individualismo de seu detentor, era comum quando o Estado se mantinha distante de seu papel social e os direitos contra este se limitavam a uma perspectiva negativa. O Estado deveria manter-se longe da esfera privada dos indivíduos, assegurando-lhes, sobretudo, sua liberdade. O direito de propriedade era praticamente intocável e não conhecia restrições.

Contudo, independentemente de se impor uma classificação ao Estado brasileiro, o que se pode verificar de sua carta constitucional é que a iniciativa privada e o patrimônio devem cumprir atribuições, de forma tal que os benefícios advindos daí não se restrinjam a seus titulares, mas que alcancem a sociedade, em maior ou menor escala.

Essa perspectiva se torna ainda mais necessária e visível quando a propriedade é constituída por meios de produção, os quais, para atingir sua finalidade econômica, não prescindem da mão de obra.

---

(131) SARLET, Ingo Wolfgang. *Dignidade da pessoa humana... Op. cit.*, p. 84-85

A ideia de empresa foi concebida em termos econômicos, tanto que o Direito nunca se preocupou em elaborar uma definição clara, na qual as funções econômica e institucional fossem reunidas. Isso pode ser verificado na Lei das Sociedades Anônimas (Lei n. 6.404/1976), que adotou a conceituação de empresa sob a perspectiva exclusivamente econômica.

Os reflexos dessa ausência de preparo jurídico do conceito de empresa não trazem implicações somente acadêmicas. Tal vazio repercute no tratamento jurídico que se dá ao confronto entre capital e trabalho, vez que este último é sempre posto como elemento de menor grandeza, tido como fator a ser sacrificado em prol do engrandecimento do empreendimento econômico. A função social surge justamente para equilibrar essa balança e dar ao trabalho e à sociedade a real expectativa de sua importância.

> [...] A função social integra a propriedade como uma carga a ser suportada por quem eventualmente seja seu titular; como um ônus a ser cumprido em face do coletivo, que a todos pertence e a todos interessa. A expressão Função Social designa o lado do proprietário, *propter rem*, frente à Sociedade; para a coletividade é direito coletivo fundamental.[132]

Embora anterior à Constituição Federal de 1988, a Lei das Sociedades Anônimas já previu um esboço de tentativa de conjugar a propriedade sob sua perspectiva econômica e sua face institucional, ao prever no parágrafo único do art. 116 que:

> O acionista controlador deve usar o poder com o fim de fazer a companhia realizar o seu objeto e cumprir sua função social, e tem deveres e responsabilidades para com os demais acionistas da empresa, os que nela trabalham e para com a comunidade em que atua, cujos direitos e interesses deve lealmente respeitar e atender.

Também dispõe do art. 154 que "O administrador deve exercer as atribuições que a lei e o estatuto lhe conferem para lograr os fins e no interesse da companhia, satisfeitas as exigências do bem público e da função social da empresa".

A empresa passa a ser vista como um organismo dual e complexo, eis que, além de abarcar a concepção lucrativa, deve corresponder à parcela institucional que dela se espera. Da propriedade e de seus titulares, passa-se a exigir o exercício de uma função social, dever esse que não anula nem reduz a grandiosidade que o Direito lhe proporciona, mas tão somente a condiciona.

> Além do reconhecimento expresso da função social, a Lei das S/A representou uma das primeiras tentativas de definir a empresa não apenas sob o seu aspecto econômico, mas também sob o seu aspecto institucional. Tanto é assim que afirma, no artigo já citado, que os deveres e responsabilidades do acionista controlador não se restringem aos demais acionistas, mas igualmente aos trabalhadores e à

---

(132) PILATI, José Isaac. *Propriedade e função social na pós-modernidade*. 2. ed., Rio de Janeiro: Lumen Iuris, 2012. p. 103.

comunidade. A empresa é vista como instituição cuja importância transcende à esfera econômica e passa a abarcar interesses sociais dos mais relevantes, como a própria sobrevivência e o bem-estar dos trabalhadores que para ela prestam seus serviços e dos demais cidadãos que dividem com ela o mesmo espaço social.[133]

Contudo, a partir das disposições constitucionais, a função social passou a ser abrangente a toda e qualquer propriedade, em maior ou menor grau, atenuando seu caráter individualista e realçando sua potencialidade de gerar, além de lucros, distribuição de riqueza e redução da miséria.

Nesse contexto, o princípio da função social da propriedade, cuja decorrência necessária é a função social da empresa, pode ser considerado como uma forma que a Constituição encontrou de condicionar o exercício da atividade empresarial à justiça social sem ter que recorrer a nenhum compromisso previamente determinado, resgatando, de modo amplo, a solidariedade e a intersubjetividade da liberdade de iniciativa e mostrando a sua relação com a dignidade da pessoa humana.[134]

Ao tratarmos da empresa, inevitável falarmos do mercado e de suas "leis", afinal, o discurso habitualmente utilizado quando o tema é a empresa e sua imprescindível vocação para a geração de riqueza perpassa a "mão invisível" do mercado e a insubmissão da economia ao Direito.

Não há espaço para discussão de tal monta nos estreitos limites deste trabalho e nem seria essa a intenção inicial, mas se mostra fundamental pontuar algumas questões, sobretudo para que se torne visível que a função social da empresa, como princípio constitucional da ordem econômica e como basilar dos direitos fundamentais, não pode ser ofuscada por dogmas de natureza econômica, que, por vezes, são desprovidos de caráter científico.

O mercado, que por vezes é tratado como ente personificado, dotado de vontade e autodeterminação, também está submetido à ordem constitucional, embora seja repetida continuamente, por décadas, a máxima de que possui leis próprias, naturais e impassíveis de regulamentação estatal. A criação de Smith, da "mão invisível do mercado", passou a ser um tabu, sobre o qual não se discute, não se contesta, simplesmente se aceita como verdade absoluta.

Mas tais realidades, muitas das quais já eram evidentes desde o Estado liberal, foram obscurecidas pela nova onda de determinismo econômico, que continua insistindo nas mesmas premissas neoclássicas segundo as quais o mercado é formado por leis naturais e incontroláveis, conclusões que seriam tão óbvias que prescindem de prova.

É fácil entender porque, em tal contexto, diversas afirmações ideológicas passam a adquirir *status* de verdade científica (SALOMÃO FILHO, 2000, p. 72[135]). Dentre

---

(133) PILATI, José Isaac. *Op. cit.*, p. 119.
(134) *Ibldem*, p. 315.
(135) SALOMÃO FILHO, Calixto. *Teoría Legal del Conocimiento Económico*. Universedade de Yale, 2000. Disponível em: <www.yale.edu/lawfac/fiss/sfilho/pdf>. Acesso em: 31 mar. 2003. p. 72, *apud* LOPES, Ana Frazão de Azevedo. *Empresa*

essas "verdades científicas", podem ser citados o ressurgimento da não invisível smithiana, o dogma de que o crescimento econômico é mais importante do que a distribuição de riqueza, o valor absoluto da eficiência e a ideia de que os indicadores econômicos refletem efetivamente o progresso econômico, independentemente da qualidade de vida das pessoas.[136]

O que se verifica, contudo, é que tais dogmas são utilizados como pilar de sustentação do *status quo*, para a preservação dos interesses econômicos que fincam na coletividade o ideário de que, antes de mais nada, é fundamental promover o progresso econômico, ainda que este se limite a beneficiar um percentual mínimo da população.

Não se quer aqui tornar a propriedade e a empresa instituições desprovidas de seu núcleo essencial, que é a geração de riqueza para seus titulares. Apenas pugna-se pelo seu exercício responsável.

> O direito certamente não pode esperar que a empresa deixe de buscar o lucro e a eficiência, pois isso seria subverter totalmente a racionalidade econômica existente, sendo previsível a ineficácia de qualquer norma que contivesse previsão semelhante. No entanto, o direito pode pretender regular e adequar a busca da eficiência e do lucro, estabelecendo critérios que direcionem o exercício da atividade empresarial em razão de normas e princípios jurídicos, inclusive para o fim de punir as condutas ilícitas.[137]

O que se defende é que não há incompatibilidade entre o exercício salutar do direito de propriedade e a observância de outros direitos, dentre eles os direitos sociais ao trabalho, em geral, e o direito ao emprego, especificamente.

> O que deve ficar claro é que a compreensão da democracia a partir da realização da autonomia redireciona o debate atual sobre a liberdade, mostrando não existir incompatibilidade entre a liberdade, igualdade e a justiça, e ainda ressaltando o caráter necessariamente intersubjetivo da liberdade, do que decorre a responsabilidade e o comprometimento social que lhe são correspondentes.
>
> Por esse motivo, a existência de limitações e deveres que são atribuídos à liberdade e ao exercício dos direitos subjetivos é uma decorrência natural de todos os seus membros, não podendo ser vistos como anomalias ou violações à individualidade, até porque esta apenas é reconhecida pelo ordenamento jurídico enquanto manifestação da autonomia e não enquanto exteriorização do egoísmo e da indiferença perante os assuntos sociais.[138]

Também não há incompatibilidade entre a intervenção do Estado, aqui representado por meio do Direito do Trabalho, e as leis de mercado, contanto que se atribua a estas seu caráter limitado e àquele seu dever de proteger o ser humano trabalhador.

---

e propriedade: função social e abuso de poder econômico. Quartier Latin: São Paulo, 2006. p. 217.
(136) LOPES, Ana Frazão de Azevedo. *Op. cit.*, p. 217.
(137) *Ibldem*, p. 268.
(138) LOPES, Ana Frazão de Azevedo. *Op. cit.*, p. 232-233.

Não existe, ao contrário do que pretende difundir o neoliberalismo econômico, oposição entre a intervenção estatal e o mercado. Pelo contrário, o mercado, como forma particular de intervenção governamental, é uma construção legal que precisa ser entendida e avaliada de acordo com o seu papel de promover os interesses humanos (SUNSTEIN, 1997, p. 5 e 384[139]).[140]

A função social da propriedade não possui apenas uma faceta negativa, de inibir condutas ilícitas; ao contrário, possui uma perspectiva didática, de conscientização quanto às possibilidades de a propriedade promover o interesse social, sendo fonte de distribuição de riqueza para a coletividade.

Tal ideia fica clara na lição de PERLINGIERI (1971, pp. 69-73[141]), uma das mais importantes autoridades sobre o assunto, segundo o qual a função social implica que, ao lado das prerrogativas de usar, gozar e dispor do bem, o proprietário passa a ter não apenas limites ao exercício do seu direito, como também obrigações positivas em favor da coletividade. Assim, a função social não pretende apenas mudar as condutas anti-sociais, mas também direcionar e orientar a conduta do titular para a realização do interesse público (GAREA, 1997, p. 118[142]).[143]

Interessante perceber como a função social da empresa encontra possibilidade real de exercício nas despedidas coletivas. Nelas, a empresa é chamada a posicionar-se sobre o seu papel junto à sociedade, e dela se exige compromisso e responsabilidade social. A clareza na exposição dos motivos justificadores da extinção dos vínculos de emprego, a disponibilidade de diálogo com os órgãos estatais e entidades sindicais são indicativos robustos de que o lucro não é o único objetivo do empreendimento econômico.

O papel do Direito do Trabalho é o de mediar os interesses econômico e social, sustentando esses dois pilares — afinal, ele só faz sentido em uma sociedade que adote o sistema de produção capitalista. Sendo incompatível com o espírito revolucionário, que tenha por ímpeto a extinção do lucro e do consumismo, o Direito do Trabalho apresenta-se como medida de contenção do conflito capital *vs.* trabalho, de minoração dos efeitos deletérios da exploração do homem. Mas ser uma ferramenta que sustenta o próprio sistema capitalista não significa ser submisso, omisso, indiferente ou conivente com os abusos, a ganância ou *dumping* social.

É preciso perceber que, entre um direito submisso ao poder econômico e ao poder político e um direito ingênuo que pretende transformar a realidade de modo instantâneo, existe um meio termo, que é o direito como mediador entre os dois sistemas. Nessa hipótese, o direito não pode pretender ocupar o espaço de ambas

---

(139) SUNSTEIN, Cass. *Free Markets and Social Justice*. New York: Oxford University, 1997. p. 5; p. 84.
(140) LOPES, Ana Frazão de Azevedo. *Op. cit.*, p. 219.
(141) PERLINGIERI, Pietro. *Introduzione allá problemática della proprietà*. Camerino: Jovene, 1971. p. 69-73.
(142) GAREA, Rafael Colina. *La función social de la propiedad privada en la Constitución española de 1978*. Barcelona: J. M. Bosch, 1997. p. 118
(143) LOPES, Ana Frazão de Azevedo. *Op. cit.*, p. 121.

as esferas, mas deve propor critérios pelos quais as relações nelas travadas possam ser direcionadas em favor do cumprimento de normas e princípios jurídicos.[144]

3.1.4 A eficácia irradiante dos direitos fundamentais e a "aplicação direta" prevista no § 1º do art. 5º da Constituição Federal. O alcance do inciso I do art. 7º da Constituição Federal

Os direitos fundamentais são a expressão mais clara da presença da dignidade da pessoa humana em nossa Constituição. Eles possuem alta densidade normativa e sua eficácia se irradia para todo o ordenamento. De acordo com o § 1º do art. 5º da CF, suas normas têm aplicação imediata.

> Se, portanto, todas as normas constitucionais sempre são dotadas de um mínimo de eficácia, no caso dos direitos fundamentais, à luz do significado outorgado ao art. 5º, § 1º, de nossa Lei Fundamental, pode afirmar-se que aos poderes públicos incumbem a tarefa e o dever de extrair das normas que os consagram (os direitos fundamentais) a maior eficácia possível, outorgando-lhes, neste sentido, efeitos reforçados relativamente às demais normas constitucionais, já que não há como desconsiderar a circunstância de que a presunção de aplicabilidade imediata e plena eficácia que milita em favor dos direitos fundamentais constitui, em verdade, um dos esteios de sua fundamentalidade formal no âmbito da Constituição.[145]

Mas, e os direitos de cunho social, como aquele insculpido do inciso I do art. 7º, poderiam ser qualificados como direitos fundamentais? Para o objeto do nosso estudo, primordial destacar a força normativa de valores como a busca do pleno emprego e a valorização do trabalho humano, que estão elencados no art. 170 da Constituição Federal. É de se ressaltar, desde já, que eles estão inseridos como princípios gerais da atividade econômica, ao lado da função social da propriedade, o que faz concluir, diante de uma leitura sistemática do ordenamento jurídico, que os demais princípios elencados, dentre eles a propriedade privada, devem necessariamente considerá-los em seus balizamentos. Só assim se obterá a unidade da Constituição.

> Especificamente, no tocante ao direito material e processual do trabalho, essa eficácia irradiante mostra-se, por intermédio de três princípios fundamentais à compreensão da legislação trabalhista infraconstitucional, e, principalmente, ao tema ora posto em debate, quais sejam: a dignidade da pessoa humana, o valor social do trabalho e o chamado solidarismo.

> A Carta Magna brasileira reconheceu expressamente a proteção às projeções da dignidade da pessoa humana (art. 1º, III). Esse princípio é o valor constitucional supremo que agrega em torno de si a unanimidade dos demais direitos e garantias fundamentais do homem, expressos nessa Constituição.[146]

---

(144) LOPES, Ana Frazão de Azevedo. *Op. cit.*, p. 268.
(145) SARLET, Ingo Wolfgang. *Dignidade da pessoa humana... Op. cit.*, p. 271.
(146) COSTA, Marcelo Freire Sampaio. Demissões em massa... *Op. cit.*, p. 825.

Dessa forma, outra não poderia ser a resposta à questão lançada, senão que a proteção contra a despedida arbitrária ou sem justa causa constitui direito constitucional de natureza fundamental, e que, como tal, possui aplicabilidade imediata.

Vai-se na esteira do magistério de Souto Maior[147] para se afirmar que o dispositivo constitucional é autoaplicável:

> pois que o preceito não suscita qualquer dúvida de que a proteção contra dispensa arbitrária ou sem justa causa trata-se de uma garantia constitucional dos trabalhadores. Está-se, diante, inegavelmente, de uma norma de eficácia plena. A complementação necessária a esta norma diz respeito aos efeitos do descumprimento da garantia constitucional.[148]

Entender que a consequência jurídica para a despedida arbitrária ou sem justa causa é tão somente indenizatória esvazia por completo o dispositivo constitucional, de modo tal que se passa a concluir que o objeto da norma constitucional é a despedida, e não a relação de emprego, o que, em outros termos, significa dizer que a norma constitucional tutelou o direito do empregador de promover a despedida, e não a melhoria das condições de trabalho, dentre elas a proteção contra a despedida injusta ou arbitrária.

Admitir-se que a compensação indenizatória seria substituta da garantia no emprego seria aceitar que o que o novo texto constitucional protege é a despedida e não o emprego, admitindo-se, também, que a estabilidade anteriormente existente, teria sido substituída pelo poder, totalmente arbitrário do empregador, de demitir quem quer que seja, mediante simples compensação indenizatória, o que me parece que não integra o espírito da Constituição de 1988.[149]

3.2 ASPECTOS INFRACONSTITUCIONAIS

3.2.1 Teoria geral dos contratos e as cláusulas gerais. A boa-fé objetiva e a vedação do abuso de direito

O estudo de casos complexos, como o que é objeto de nossa explanação, requer a formulação de um raciocínio amparado em alguns paradigmas, bem como o diálogo entre as normas de diferentes matizes.

As cláusulas gerais são elementos normativos que permitem ao intérprete preencher e valorar seu conteúdo, procurando dar significação proporcional aos bens jurídicos que se visa resguardar, sem que o ordenamento jurídico já disponha de uma sanção em caso de

---

(147) SOUTO MAIOR, Jorge Luiz. Convenção 158 da OIT: dispositivo que veda a dispensa arbitrária é auto-aplicável. *Op. cit.*
(148) *Ibidem*.
(149) MACIEL, José Alberto Couto. *Comentários à Convenção n. 158 da OIT*: garantia no emprego. São Paulo: LTr, 1996. p. 32.

descumprimento, cujas consequências serão delimitadas, caso a caso, a partir da necessária fundamentação judicial. Isso as distingue dos conceitos jurídicos indeterminados. O Código Civil se apresenta, assim, como um arcabouço de cláusulas gerais, sobretudo quando trata da teoria geral dos contratos. Tais cláusulas, conforme a definição de Nelson Nery Junior, são:

> normas orientadoras sob forma de diretrizes, dirigidas precipuamente ao juiz, vinculando-o ao mesmo tempo em que lhe dão liberdade para decidir. As cláusulas gerais são formulações contidas na lei, de caráter significativamente genérico e abstrato, cujos valores devem ser preenchidos pelo juiz, autorizado para assim agir em decorrência da formulação legal da própria cláusula legal, que tem natureza de diretriz.[150]

É sabido que o Direito do Trabalho possui normas e princípios que lhe são muito peculiares, mas, como já foi dito, o ordenamento jurídico não dispõe de regras jurídicas que possam incidir especificamente no trato das despedidas coletivas, o que exige uma conjugação de elementos jurídicos, dentre eles as normas gerais que regem a figura do negócio jurídico — o contrato.

Não se trata de reduzir a relação de emprego a um conjunto de normas pré-estabelecidas e que, historicamente, permitiam a perpetuação da desigualdade e da opressão do hipossuficiente. A relação de emprego suplanta a formalização de um contrato, eis que, antes de tudo, é a realidade dos fatos que se sobrepõe ao pactuado.

Porém, não se deve minimizar a importância das regras de natureza civil para a sustentação infraconstitucional da despedida coletiva, afinal, as cláusulas gerais atuam como uma chave por meio da qual se permite concretizar as disposições constitucionais. As cláusulas gerais atuariam com um grau de concretude maior que as normas constitucionais, sem esquecer que estas são sempre sua maior inspiração.

> Nas relações entre particulares — para além da vinculação das entidades dotadas de algum poder social e afora as hipóteses excepcionais ventiladas —, é possível sustentar, em qualquer hipótese, ao menos uma eficácia mediata (ou indireta) dos direitos fundamentais, no âmbito do que os alemães denominaram de eficácia irradiante (Ausstrahlungswirkung), que pode ser reconduzida à perspectiva jurídico-objetiva dos direitos fundamentais. Isto significa, em última análise, que as normas de direito privado não podem contrariar o conteúdo dos direitos fundamentais, impondo-se uma interpretação das normas privadas (infraconstitucionais) conforme os parâmetros axiológicos contidos nas normas de direitos fundamentais, o que habitualmente (mas não exclusivamente) ocorre quando se trata de aplicar conceitos indeterminados e cláusulas gerais do direito privado.[151]

Não são poucas as manifestações encontradas na doutrina que constatam o profundo enlace entre a dignidade humana e a função social do contrato e a necessária releitura das

---

(150) NERY JUNIOR, Nelson. 2006. p. 428, *apud* PRAGMÁCIO FILHO, Eduardo. *A boa-fé nas negociações coletivas trabalhistas*. São Paulo: LTr, 2011. p. 79.
(151) SARLET, Ingo Wolfgang. *Dignidade da pessoa humana... Op. cit.*, p. 382.

figuras civis historicamente tratadas sob o ranço do patrimonialismo, como a propriedade e o contrato. Há quem denomine essa nova perspectiva de "despatrimonialização do Direito Civil".[152]

> [...] Partindo-se do pressuposto de que o Código Civil e todas as demais disposições normativas que regem as relações privadas devem ser lidos e aplicados de acordo com o texto constitucional, o Direito Civil-Constitucional se consolidou como um fenômeno que rompeu com a clássica divisão entre direito público e direito privado, valorizou o aspecto extrapatrimonial na tutela dos mais diversos interesses pela legislação e consagrou o papel de maior destaque nos estudos jurídicos para os princípios constitucionais.
>
> Tendo assim os princípios constitucionais uma aplicação direta, e não meramente interpretativa, sobre as relações privadas, eles devem ser utilizados pelo intérprete como forma de restringir exercícios egoísticos de direitos e demais prerrogativas concedidas pela legislação. Notadamente os princípios que tutelam interesses sociais e coletivos são de extrema importância para essa função de sopesamento e eventual limitação da atuação dos entes privados, tendo a doutrina e a jurisprudência brasileiras dado ampla efetividade a tais diretrizes metodológicas do Direito Civil Constitucional.[153]

O Código Civil vigente foi publicado sob o manto da Constituição Federal; a interpretação de suas normas, outrora excessivamente individualista e patrimonialista, dá azo à aproximação entre os Direitos Público e Privado. A figura do contrato, que antes impunha uma rígida observância do acordado, passa a ser permeado por valores como o da solidariedade.

> Outrora uma seara onde partes antagônicas dispunham de ampla liberdade para gravar — a ferro e fogo — os compromissos que suas vontades estipulassem, o princípio solidarista passa a se impor igualmente neste campo. Daí entender-se que o contrato deixou de ser um simples instrumento de atuação da autonomia privada, para desempenhar, também ele, uma função social. No novo modelo, o enfoque não é mais voluntarista, voltando-se para a busca de um concreto equilíbrio entre as partes contratantes, através, inclusive, do balanceamento entre as prestações, vedada a excessiva onerosidade, e para a observância imperiosa do princípio da boa-fé objetiva, fonte de deveres e de limitação de direitos para ambas as partes.[154]

---

(152) Daniel Sarmento afirma: "A despatrimonialização implica, isto sim, o reconhecimento de que os bens e direitos patrimoniais não constituem fins em si mesmos, devendo ser tratados pela ordem jurídica como meios para a realização da pessoa humana. Antes, prevalecia o ter sobre o ser, mas agora vai operar-se uma inversão, e o ser converter-se-á no elemento mais importante do binômio. Esta nova perspectiva provoca a necessidade de redefinição dos próprios direitos patrimoniais e institutos que lhes são correlatos, como a propriedade, a posse e o contrato, cuja tutela passará a sujeitar-se a novos condicionamentos, ligados a valores extrapatrimoniais sediados na Constituição. Despatrimonialização significa, portanto, o outro lado da moeda da personalização do Direito Privado." (SARMENTO, Daniel. *Op. cit.*, p. 91).
(153) SOUZA, Carlos Affonso Pereira de. *Op. cit.*, p. 147.
(154) MORAES, Maria Celina Bodin de. *Op. cit.*, p. 252.

O ideário da suficiência da igualdade formal entre os contratantes e do *pacta sunt servanda* já não corresponde à leitura atual do Direito Civil, o que de certa forma possibilita uma aproximação com o Direito do Trabalho e com seu princípio mais marcante: o da proteção do hipossuficiente.

Do contrato se exige o cumprimento de sua função social, o que implica dizer que, além de ser um instrumento para satisfação de interesses privados, deverá significar uma ferramenta de sustentação do interesse social, no sentido de não só impor limites à autonomia da vontade, mas de assegurar que o objeto daquele contrato não inflija danos à coletividade.

> A função social do contrato, por outro lado, vem a satisfazer às imposições do Estado Social de Direito em vista da necessidade, não apenas de se limitar a autonomia da vontade em sede contratual, mas, o que é caracterizador desse novo princípio jurídico, principalmente, de limitar a autonomia de vontade para garantir o interesse social e coletivo (e não o interesse do outro contratante como era a preocupação pretérita da teoria contratual). Não se trata aqui, portanto, tão apenas de proteger a situação de inferioridade de um dos contratantes, mas sim de limitar a autonomia da vontade sempre que a vontade declarada e candidata à tutela da ordem jurídica, a partir do estabelecimento do vínculo contratual, venha a contrariar interesses gerais e coletivos. [...][155]

O contrato de emprego, embora permeado por várias peculiaridades, que justificam seu estudo à parte do Direito Civil, guarda caracteres comuns a todo e qualquer contrato, de modo que os limites à autonomia privada, previstos nos arts. 187 e 422, do Código Civil, por exemplo, lhe são aplicáveis, sendo plenamente compatíveis com as normas trabalhistas substantivas.

A lealdade contratual, a boa-fé objetiva, a não-abusividade no exercício de um direito, para além de constituírem parâmetros para a interpretação das normas jurídicas, devem ser entendidos como regras de conduta, a pautarem o comportamento das partes, em especial daquele, como o empregador, que detém a titularidade dos postos de trabalho e de todas as informações, sobretudo financeiras, sobre a viabilidade de manutenção ou não desses postos. Não é demais se ressaltar que tais corolários não se prestam a embustes ou penduricalhos da teoria geral do contrato; pelo contrário, são traduzidos em condutas objetivas e muito próximas do contrato de emprego: o que dizer sobre a relevância do dever de informação durante as tratativas que envolvem a despedida coletiva?

> O princípio da boa-fé objetiva, introduzido como tal explicitamente pelo CDC e agora contemplado em cláusula geral do novo Código Civil (art. 422), constitui, além de parâmetro de interpretação e integração do contrato, autêntica norma de conduta oponível aos contratantes, limitando o exercício de direitos e criando deveres instrumentais, como é o caso do dever de informação.[156]

---

(155) GONDINHO, André Osório. *Op. cit.*, p. 257.
(156) GONDINHO, André Osório. *Op. cit.*, p. 242.

Os institutos do abuso do direito e da boa-fé objetiva, e seu corolário do dever da informação, devem ser entendidos a partir da estrutura funcional dos direitos, o que significa dizer que, para sua incidência no caso concreto, não se perquire acerca da intenção de prejudicar ou mesmo da má-fé. As circunstâncias fáticas e a função social do direito em questão é que irão delimitar os contornos da licitude do ato.[157]

> A função social vem então a se agregar ao elemento estrutural do direito, trazendo consigo a análise sobre as finalidades e os valores que devem ser alcançados através do desempenho do domínio sobre os bens. Sem cair na armadilha de estipular um alvo fixo a ser buscado pelo direito, é preciso compreender que não existe uma função da propriedade, mas sim, funções que podem variar de acordo com o tipo de estatuto, com o tipo de propriedade sobre o qual se discute.
>
> De toda forma, pode-se afirmar que a doutrina contemporânea reconhece na função social da propriedade um elemento que viabiliza a concretização de valores e termina por qualificar a própria extensão do poder que o titular exerce sobre o bem. Seria então a função social da propriedade dotada da capacidade de alterar a estrutura do domínio, inserindo-se em seu perfil interno e atuando como critério de valoração do exercício do direito.

---

(157) Nesse sentido, a decisão proferida nos autos da Ação Civil Pública n. 0001618-39.2012.5.01.0023: "A dispensa coletiva promovida pelas recorrentes foi arbitrária e abusiva, porquanto realizada sem a prévia negociação coletiva imprescindível ao caso, face a complexidade fático-jurídica para o 'Grupo Gol' do Ato de Concentração formulado perante o CADE — além de evidenciar nítida discriminação dos empregados da segunda ré, porquanto as empresas se furtaram de observar os critérios pactuados na convenção coletiva de trabalho para a redução do quadro de pessoal e reconhecê-los como integrantes do pertence à controladora, VRG, por força da sucessão. Outrossim, a violação ao princípio da boa-fé objetiva pelas recorrentes salta aos olhos: descumpriram o comando judicial de reintegração nos quadros da primeira ré — VRG Linhas Aéreas — empresa que se mantém em atividade operacional, promovendo a obrigação de fazer na segunda, apenas formalmente ativa e em processo de extinção, impondo aos trabalhadores a constrangedora situação de mera percepção de remuneração, alijados das atividades efetivas, em direto prejuízo de sua proficiência técnica. E nesta ambiência, realizaram negociações coletivas, a posteriori, apenas formalmente implementadas para fins de viabilizar a tese de cumprimento de requisito procedimental e validar a dispensa coletiva já concretizada. Há mais. Após a prolação da r. sentença procederam a nova dispensa coletiva dos trabalhadores anteriormente reintegrados, em flagrante descumprimento da ordem mandamental (art. 14, V do CPC). De outro turno, a medida adotada se revela adequada à lesão coletiva e às circunstâncias dos autos. A uma, porque não se cuida de extinção da empresa, mas de sua incorporação por outra integrante do grupo econômico, com notória superioridade financeira, caracterizando típica sucessão trabalhista; a duas, porque a estratégia empresarial desconsiderou a repercussão da decisão de extinção da empresa incorporada na esfera jurídica de seus empregados, optando, depois, por desqualificá-los e pela dispensa coletiva, sem a interveniência sindical e evidências de observância dos critérios fixados no instrumento normativo da categoria para a redução da força de trabalho; a três, porque, como decorrência da anterior, incidiram as recorrentes em evidente conduta discriminatória, privilegiando os empregados da primeira ré, adquirente, em detrimento dos pertencentes aos quadros da segunda, não obstante a identidade da categoria profissional e sua submissão aos mesmos normativos; e a quatro, porque flagrante o descumprimento da ordem judicial reintegratória, em capciosa conduta destinada a atender integralmente os interesses da empresa concentrante." (BRASIL. Tribunal Regional do Trabalho da 1ª Região. *Ação Civil Pública n. 0001618-39.2012.5.01.0023.* 8ª Turma). Também a decisão proferida pelo Tribunal Superior do Trabalho nos autos do Dissídio Coletivo n. TST-RODC-309/2009-000-15-00.4: "No caso dos autos, a ausência de informação e de tentativa de negociação prévia com as entidades sindicais interessadas, ou até mesmo com os próprios trabalhadores, que foram surpreendidos com a decisão repentina da empresa, representaria clara ofensa à boa-fé objetiva, ao princípio da confiança e ao dever de informação. Além de afronta à boa-fé objetiva, a dispensa também constitui abuso de direito, nos termos do art. 187 do Código Civil, já que a empresa excedeu os limites impostos pelo seu fim social e econômico e pela boa-fé, tendo seu ato causado sérias consequências não apenas para os diretamente envolvidos como também para a sociedade como um todo." (BRASIL. Tribunal Superior do Trabalho. *Recurso Ordinário em Dissídio Coletivo n. 309/2009-000-15-00.4*).

É equivocado imaginar a função social da propriedade como um limitador externo ao livre exercício dos poderes inerentes ao domínio por parte do titular. O antagonismo entre função social e liberdades amplas do titular marcara uma concepção ultrapassada que enxerga o direito de propriedade como um elemento monolítico, composto apenas de poderes e liberdades, sendo qualquer restrição ao exercício desses poderes um fator exógeno do direito em si. Com esse raciocínio, o direito de propriedade se fecha no círculo vicioso dos egoísmos privados.[158]

O conhecimento quanto aos fatos que envolvem o ato do despedimento coletivo é fundamental para que empregados, seus sindicatos e órgãos governamentais possam avaliar os danos daí advindos e a partir dessas informações poderem iniciar uma negociação com reais possibilidades de sucesso. A informação, portanto, constitui-se de um direito instrumental e acessório da boa-fé objetiva, através da qual se permitirá aos atores sociais uma análise apurada das condições econômicas da empresa e o levantamento de propostas e opções para minoração do impacto social do despedimento.

O dever de informação está diretamente relacionado ao dever de motivação do ato do despedimento. Isso porque são os motivos elencados pelo empregador como causa necessária dos despedimentos que servirão de baliza ao controle de empregados, sindicatos e órgãos governamentais (sobretudo do Judiciário, quando acionado).

> O sistema alemão foi pioneiro no combate à arbitrariedade na cessação do contrato de trabalho, tendo como princípio básico a idéia de justificação ou adequação social dos despedimentos mesmo individuais, controlável jurisdicionalmente, nos termos já descritos em geral. Ora essa ideia de controlo ou de justificação não pode deixar de ser acentuada quando os despedimentos têm o carácter maciço. Muito embora, como vimos, doutrina autorizada considere que o conceito de despedimento colectivo — tal como se encontra nos outros países da Europa Ocidental — não tem correspondência no ordenamento alemão, a verdade é que as situações que conduzem tipicamente a fenômenos de extinção de postos de trabalho de carácter maciço dão lugar a um rigoroso escrutínio no plano da sua motivação, desde logo através das intensificadas interlocuções com as estruturas representativas dos trabalhadores. De facto, as obrigações de consulta e de audição forçam as empresas a uma transparência nos fundamentos e a um aprofundamento nas decisões que permite um controlo apreciável, dificultando acções arbitrárias ou discriminatórias. De qualquer modo, o empregador não é obrigado a indicar os motivos aquando do despedimento: basta que o faça no decorrer do procedimento, nos termos já descritos.[159]

Não é demais trazer mais uma vez à baila tema que guarda pertinência extrema com tais balizas contratuais: a necessidade de se rediscutir os limites do poder de direção do empregador. Afinal, condutas como a negativa em negociar as despedidas coletivas com os

---

(158) SOUZA, Carlos Affonso Pereira de. *Op. cit.*, p. 40.
(159) XAVIER, Bernardo da Gama Lobo. *Op. cit.*, p. 179.

sindicatos da categoria, a sonegação de informações relevantes sobre a situação financeira da empresa ou ainda a desconsideração de critérios mínimos para "escolha" dos atingidos pela despedida coletiva estão em consonância com o poder de comando de todo empregador ou excedem os limites deste direito e passam à abusividade, portanto, quanto aos efeitos, à ilicitude de conduta?

> O principal elemento caracterizador da dispensa abusiva, de qualquer modo, é o exercício irregular de um direito legítimo, em virtude de transgredir princípios aos quais se submete obrigatoriamente o empregador, por representar interesses sociais e/ou estatais que transcendem a relação de emprego. A obediência às respectivas diretrizes, portanto, se revela mais relevante do que a própria liberdade normalmente desfrutada pela entidade patronal na seara da terminação do contrato individual de trabalho.
>
> Na despedida abusiva, por conseguinte, a cessão contratual decorre de ato motivado em causa antagônica à finalidade social do respectivo direito. O seu exercício, em tais moldes, representa uma violação a princípios de observância obrigatória por parte do empregador, princípios estes que, em virtude da sua relevância, transcendem a relação individual entre as partes. O ato resilitório, pois além de não ter por fundamento uma justa causa tipificada em lei, passa a representar uma conduta anti-social e contrária a postulados de interesse coletivo, ferindo as normas disciplinadoras do direito de despedir ao ponto de eivar a despedida de vício de anulabilidade.
>
> Há abuso do direito de despedir, portanto, quando tal direito não é exercido de acordo com a finalidade social para a qual o mesmo foi concedido pelo ordenamento jurídico. Todo e qualquer direito, inclusive um direito potestativo como o de despedir, é conferido ao seu titular tendo em vista um interesse social almejando o seu uso em plena consonância com a sua finalidade.[160]

Assim como Sergio Torres Teixeira, se quer crer que as despedidas coletivas promovidas como exercício regular de um direito necessitam estar em consonância com o interesse social, o que quer dizer que tanto a coletividade de empregados quanto a sociedade que a circunda têm o direito de saber os reais motivos da ruptura dos contratos de emprego, de discuti-los de forma ampla e aberta e de propor soluções ou ao menos minorações de seus efeitos negativos. O direito de despedir, portanto, possui uma fronteira clara, a partir da qual, torna-se abusivo.

> E tanto ocorre quando a dispensa deixa vítima não apenas o empregado despedido, mas o Estado e toda a coletividade, por implicar na violação de regras de ordem pública e de interesse geral que ultrapassam as fronteiras da relação individual de emprego. São violados, assim, interesses estatais e/ou sociais. Em tal subespécie de despedida arbitrária, portanto, são transgredidos preceitos superiores àqueles que se

---

(160) TEIXEIRA, Sergio Torres. *Op. cit.*, p. 303.

limitam a proteger o interesse do empregado, implicando em danos à coletividade da qual participa o empregador. E, por via de consequência, o legislador assume uma postura destinada a vedar a sua realização.⁽¹⁶¹⁾

O contrato de trabalho é um negócio jurídico bilateral, cujo cumprimento não fica ao exclusivo escrutínio do empregador. É certo que, ordinariamente, o rompimento deste contrato, sobretudo de vários contratos de forma simultânea, como nos casos dos despedimentos coletivos, se faz por meio da manifestação da vontade unilateral e soberana do empregador, que, contudo, não pode ser arbitrária. E como se poriam limites a essa declaração de vontade, sem que esses limites signifiquem afronta à autonomia da vontade? Exigindo-se que ela seja acompanhada de motivos de fato e de direito, o que em outras palavras significa dizer que a declaração de vontade do empregador, manifesta no desejo de romper coletivamente contratos de trabalho, seja motivada. Aliás, é isso que sempre ocorreu na Espanha e mais recentemente na Inglaterra, Itália, França e Portugal.⁽¹⁶²⁾

> [...] o contrato de trabalho é um negócio jurídico bilateral e como tal o seu cumprimento ou execução não podem depender de declarações ou manifestações de vontade unilaterais das partes: o cumprimento dos contratos não pode ser deixado ao arbítrio de um dos contraentes (CC, art. 1.256). Sem embargo, é precisamente o contrário o que acontece com o despedimento, em que a vontade unilateral extingue o contrato. A contradição resolve-se exigindo-se como causa para o despedimento uma circunstância obstativa à continuação do contrato, que dê fundamento jurídico à vontade rescisória do empresário e que não consista na sua mera discricionariedade.⁽¹⁶³⁾

Amparados na ausência de legislação específica sobre o tema, e, portanto, fundamentados no vazio legislativo, alguns defensores da ampla permissividade da despedida coletiva no Brasil entendem que, assim com as despedidas individuais, estão em questão apenas interesses privados de empregadores e empregados, isoladamente considerados. Mas a despedida coletiva possui outros referenciais, como a repercussão aos cofres públicos em razão dos benefícios sociais, o impacto no comércio do município afetado com a perda da moeda circulante, a redução significativa dos tributos, a potencialidade no aumento da marginalidade na localidade, além do florescimento de um ambiente em que predominam os sentimentos de revolta, fracasso e medo, promovidos pelo desemprego.⁽¹⁶⁴⁾

Ao contrário de outras experiências de políticas públicas como em relação ao problema da doença e da ignorância, que registram a presença de sistemas de

---

(161) TEIXEIRA, Sergio Torres. *Op. cit.*, p. 167.
(162) "[...] o Direito espanhol guardou permanentemente, no que toca ao despedimento do empresário, o princípio da motivação (isto é, defendeu sempre o despedimento como 'negócio causal', o que só se generalizaria na Europa, no recente Direito do trabalho, depois dos anos 60 em Inglaterra e dos anos 70 em Itália, França e Portugal)." (XAVIER, Bernardo da Gama Lobo. *Op. cit.*, p. 186-187).
(163) ALONSO OLEA, Manuel; CASAS BAAMONDE, Maria Emilia. *Derecho*. p. 408, *apud* XAVIER, Bernardo da Gama Lobo. *Op. cit.*, p. 186.
(164) "Como dizíamos, uma dispensa coletiva causa um impacto bem maior do que uma dispensa individual, e, em consequência, não pode obedecer à mesma lógica e tampouco merecer o mesmo tratamento jurídico. Uma despedida em massa deve merecer e receber uma maior regulação jurídica." (ROCHA, Cláudio Jannoti da. *Op. cit.*, p. 224).

atenção nacional à saúde e à educação, o desemprego no Brasil segue tratado como um problema menor, na maioria das vezes identificado pelas autoridades governamentais como de ordem individual, mais privado do que público. Parece ser necessário lembrar que o desemprego constitui uma das difíceis situações sociais em que a inexistência de atendimento social adequado ao desempregado reflete não apenas o estágio de atraso, conservadorismo e individualismo de uma sociedade, mas também o fato de o empregado conduzir-se mais facilmente ao desespero social, à violência, às drogas; enfim, ao quadro de desamparo e de regressão numa sociedade que já tem muito desgastado o tecido social.[165]

Se a vedação do abuso de direito já era utilizada como uma ferramenta eficaz contra as despedidas individuais, que se dirá no trato das despedidas coletivas, onde o interesse social é gritante e a necessidade de balizas ao poder de despedir é imperativa. O abuso de direito está permeado pela ideia de excesso no exercício de um direito, que nunca foi, contudo, absoluto. Não é demais relembrar a máxima tantas vezes repetida na academia, segundo a qual um direito encontra seu limite no momento em que outro direito se inicia.

Abuso de direito significa o exercício anormal ou irregular de um direito. De acordo com a concepção relativista dos direitos, a regularidade de qualquer direito pressupõe a legitimidade do seu exercício. Em posição antagônica à corrente do individualismo jurídico, cuja diretriz admite o exercício do direito da forma como desejar o seu titular, o relativismo jurídico vincula a validade do ato praticado ao exercício legítimo do respectivo direito. Nesse sentido, inexiste o direito absoluto, cujo titular o exerce sem quaisquer restrições, mesmo contra normas e princípios sociais. Todo direito, pois, é relativo, exigindo a observância às diretrizes que transcendem a relação da qual participa diretamente o sujeito, envolvendo igualmente interesses do Estado e da sociedade. Aplicado o direito de forma irregular e de modo anti-social, a anormalidade do seu exercício torna ilícito um direito originariamente legítimo. Apesar de lícito no seu estado abstrato, o direito se tornou viciado durante o processo de sua concretização, ao contrariar interesses superiores que devem guiar o seu exercício.[166]

Há de se entender que a figura do abuso de direito está construída sob a superação do paradigma da equiparação do direito à lei. O apego à formalidade da lei impede que o intérprete enxergue além da ilicitude, já que esta significa afronta à estrutura lógico-formal da letra da lei. Para Castanheira Neves, pode ser considerado abuso de direito aquele comportamento que, embora não contrarie a estrutura formal que define um direito, "viole ou não cumpra, no seu sentido concreto-materialmente realizado, a intenção normativa que materialmente fundamenta e constitui o direito invocado".[167]

---

(165) POCHMANN, Marcio. *O emprego na globalização*. São Paulo: Boitempo, 2012. p. 124.
(166) TEIXEIRA, Sergio Torres. *Op. cit.*, p. 163/164.
(167) NEVES, António Castanheira. Questão-de-facto: questão-de-direito ou o problema metodológico da juridicidade: ensaio de uma reposição crítica. I — A crise. Coimbra: Almedina, 1967. p. 524, *apud* MENEZES CORDEIRO, António Manuel da Rocha e. *Da boa fé no Direito Civil*. Coimbra: Almedina, 2013. p. 866.

O abuso de direito exige que se perquiram as razões e os motivos do exercício deste direito e se elas, em seu aspecto interno-valorativo, são compatíveis com o arcabouço de normas, princípios e valores que compõem o ordenamento jurídico. É o diálogo entre o direito que está assegurado e o seu exercício, que nem sempre condiz com a carga axiológica que compõe esse direito quando inserido no bojo do universo dos demais direitos, deveres, valores e interesses.

> A uma observação mais atenta, o abuso do direito revela-se-nos, afinal, como o sinal exacto (ou um dos sinais mais exactos) de que o mundo jurídico ultrapassou em muito os tradicionais quadros e molduras formalistas do conceitualismo, para ser a própria vida em norma, ou o constante aferir e confrontar da concreta realidade histórico-cultural com os valores jurídicos que lhe presidem, numa simbiose inelutável ou numa assimilação exigente de facto e direito.[168]

O fato de ilicitude e abusividade possuírem, em regra, efeitos jurídicos similares não indica que se equivalem, já que para caracterizar-se uma conduta como abusiva necessário se faz aprofundar-se na composição axiológica do direito, a fim de se verificar que o direito está sendo exercido em conformidade com o amplo contexto jurídico que resguarda os mais caros princípios e valores.

> Assim a ilicitude depende de uma violação de limites formais impostos pelo ordenamento. Já no abuso do direito, não existe essa definição prévia de limites que poderão se rompidos, configurando assim a abusividade. Os limites que importam na abusividade são os próprios fundamentos do direito, os quais serão violados apenas quando do exercício empreendido pelo agente do direito concedido.[169]

Carlos Affonso Pereira de Souza menciona Heloisa Carpena, para quem:

> Por este mesmo motivo pode-se afirmar que o abuso supõe um direito subjetivo lícito atribuído ao seu titular, que, ao exercê-lo, o torna antijurídico. Já o ilícito, por ser contrário à disposição legal, mostra-se previamente reprovado pelo ordenamento, não comportando controle de abusividade.[170]

No caso das despedidas coletivas, não se nega ou sequer se minora a existência e toda a potencialidade do direito de despedir, inerente ao empregador. O que se coíbe é o ato patronal que se externa por meio de seu exercício desmesurado, anti-social, ilegítimo, que não só significa simples potestade mas que representa desapreço pelo valor do trabalho e de

---

(168) SÁ, Fernando Augusto Cunha de. *Abuso do direito*. Coimbra: Almedina, 1973. p. 21.
(169) SOUZA, Carlos Affonso Pereira de. *Op. cit.*, p. 82
(170) CARPENA, Heloisa. Abuso do direito no Código Civil de 2002. In: TEPEDINO, Gustavo (Org.). *Parte Geral do Novo Código Civil*. Rio de Janeiro: Renovar, 2002. p. 367-386.

sua função social. O abuso do direito nas despedidas coletivas implica violação a interesses que transcendem a simples relação de emprego.[171]

O abuso de direito no ato do despedimento coletivo pode ser verificado tanto na recusa à negociação, como já reconhecido pela jurisprudência,[172] mas também no descumprimento do dever de informar a coletividade de empregados acerca da real situação econômica da empresa, o que abrange inclusive o amplo acesso aos documentos contábeis do empreendimento.

No Brasil, o "dever de negociar" está expresso no art. 616 da CLT, quando determina que "os sindicatos representativos de categorias econômicas ou profissionais e as empresas, inclusive as que não tenham representação sindical, quando provocados, não podem recusar-se à negociação coletiva".

Para José Carlos Arouca (2006, p. 282[173]), nessa perspectiva, negociar com boa-fé significa: a) aceitar a negociar ou recusar justificadamente a proposta, b) agendar calendário de reuniões com prazos razoáveis, c) oferecer contrapropostas razoáveis e justificadas, d) negociar em clima amistoso, sem praticar retaliações e e) não despedir os empregados durante a negociação.[174]

O dever de motivação da despedida coletiva não significa apenas a exposição abstrata dos motivos que a justificam, mas uma fundamentação munida de elementos concretos, a exemplo de balancetes e livros contábeis.

É essa a leitura que se faz da Recomendação n. 163 da OIT, de 1981, que, no art. 7º, prevê a adoção de medidas condizentes com as condições nacionais, para que as partes tenham acesso à informação necessária a negociações significativas, indicando como uma delas que:

> empregadores públicos e privados, a pedido de organizações de trabalhadores, devem pôr à sua disposição informações sobre a situação econômica e social da unidade negociadora e da empresa em geral, se necessárias para negociações significativas; no caso de vir a ser prejudicial à empresa a revelação de parte dessas informações, sua comunicação pode ser condicionada ao compromisso de que será tratada como confidencial na medida do necessário; a informação a ser posta à disposição pode ser acordada entre as partes da negociação coletiva.[175]

Pragmácio Filho refere-se ainda à Diretiva n. 2002/14/CE, da Comunidade Europeia, que também preza pelo compartilhamento de dados importantes ao esclarecimento da

---

(171) TEIXEIRA, Sergio Torres. Op. cit., p. 16.
(172) No leading case envolvendo a Embraer, processo n. TST-RODC-309/2009-000-15-00.4, no qual foi fixada a premissa: "a negociação coletiva é imprescindível para a dispensa em massa de trabalhadores."
(173) AROUCA, José Carlos. Curso básico de direito sindical. São Paulo: LTr: 2006. p. 282.
(174) PRAGMÁCIO FILHO, Eduardo. Op. cit., p. 87.
(175) ORGANIZAÇÃO INTERNACIONAL DO TRABALHO. Sobre a promoção da negociação coletiva. Disponível em: <http://www.oitbrasil.org.br/content/sobre-promo%C3%A7%C3%A3o-da-negocia%C3% A7%C3%A3o-coletiva>. Acesso em: 17 fev. 2014.

situação que envolve a empresa e que são imprescindíveis para que o diálogo entre os envolvidos seja viável.

Na Europa, a Diretiva n. 2002/14/CE, de 11 de março de 2002, tem por objetivo estabelecer um quadro geral que defina requisitos mínimos quanto ao direito à informação e à consulta dos trabalhadores nas empresas ou nos estabelecimentos situados na Comunidade. Para a Diretiva, "informação" é a transmissão de dados por parte do empregador aos representantes dos trabalhadores, a fim de que estes possam tomar conhecimento do assunto tratado a analisá-lo; ao passo que "consulta" é a troca de opiniões e o estabelecimento de um diálogo entre os representantes dos trabalhadores e o empregador.

O âmbito de abrangência da informação a que se refere a Diretiva inclui, nos termos do art. 4º.2: a) a informação sobre a evolução recente e a evolução provável das atividades da empresa ou do estabelecimento e a sua situação econômica; b) a informação e a consulta sobre a situação, a estrutura e a evolução provável do emprego na empresa ou no estabelecimento e sobre as eventuais medidas de antecipação previstas, nomeadamente em caso de ameaça para o emprego; c) a informação e a consulta sobre as decisões susceptíveis de desencadear mudanças substanciais a nível da organização do trabalho ou dos contratos de trabalho.[176]

É o mesmo autor quem nos noticia projeto de lei que trata do tema:

> No mencionado Projeto de Lei n. 4.430/2008, a redação do art. 615 prevê no item III do § 2º um dever de informar, ao prescrever que a boa-fé objetiva envolve "prestar informações, definidas de comum acordo, no prazo e com o detalhamento necessário à negociação de forma leal e com honestidade" já citado.[177]

O art. 4º do Projeto de Lei n. 5.353/2009 também prevê:

> Art. 4º Para que os representantes dos trabalhadores possam formular propostas construtivas, o empregador deve fornecer-lhes por escrito todas as informações úteis, os motivos da dispensa, o número de trabalhadores a despedir, o número de trabalhadores habitualmente empregados e o período no decurso do qual se pretende efetuar as dispensas.
>
> Parágrafo Único. É assegurado à entidade sindical o direito de consultar os balancetes, balanços, fichas financeiras e quaisquer documentos financeiros e contábeis necessários à verificação e comprovação das causas alegadas pelo empregador.

O dever de informar acerca da real situação empresarial não é relevante apenas para viabilizar a negociação. Ainda que esta reste infrutífera, o importante é ressaltar que o direito de conhecer a realidade na qual está inserido compõe o patrimônio jurídico de cada

---

(176) PRAGMÁCIO FILHO, Eduardo. *Op. cit.*, 95.
(177) *IbIdem*, p. 100.

empregado, e que esse direito de obter informações sobre a manutenção ou o encerramento de seu posto de trabalho é imprescindível para o exercício de sua cidadania e para permitir sua inserção no modo de produção, evitando o alheamento e a alienação tão comuns no mundo do trabalho.

Vê-se assim que as normas de Direito Civil têm muito a enriquecer o contrato de emprego, especificamente o tratamento que deve ser dispensado à despedida coletiva.

3.3 CONSEQUÊNCIAS DA DESPEDIDA COLETIVA INVÁLIDA

O ato do empregador de pôr fim à relação de emprego é um ato jurídico em sentido estrito, de modo que sua vontade não concorre para a produção dos efeitos daí advindos, eis que estes já são previstos em lei e são dela — i.e., da vontade do empregador —, independentes.

> No ato jurídico em sentido estrito, a ação humana ou a manifestação de vontade funciona como mero pressuposto de efeitos preordenados pela lei. Trata-se de caso em que o comportamento ou a vontade concretiza, apenas, o suporte fático necessário para criar o fato, fazê-lo entrar no mundo jurídico. A eficácia dele, porém, é predeterminada na lei. As consequências jurídicas dão-se, necessariamente, sem que a vontade do agente possa modificá-las, ampliá-las, restringi-las ou evitá-las.[178]

Contudo, quando este ato se desvia de sua finalidade social e representa afronta à boa-fé objetiva, caracterizando-se como abusivo,[179] o ato passa a ser considerado ilícito, lesivo a direito de terceiros e ensejador da responsabilidade civil de seu titular.

A resposta jurídica para as consequências advindas de uma despedida coletiva que se mostra inválida, seja em razão da inobservância de um procedimento formal mínimo que permita o diálogo entre os atores sociais envolvidos, seja por questões que atingem o próprio mérito, como a ausência de razões de ordem econômica que justifiquem o número de despedidas, é encontrada nas normas de natureza civil, que tratam dos atos ilícitos.

O vício conduz à busca da reparação dos danos verificados, sendo a consequência jurídica o retorno das partes à condição anteriormente vivenciada. Seguindo-se este raciocínio, à despedida coletiva inválida se seguiriam a indenização dos empregados envolvidos proporcionalmente a seus danos, sobretudo quanto às verbas devidas pelo período de afastamento, e a imediata reintegração aos postos de serviço.

---

(178) VELOSO, Zeno. *Invalidade do negócio jurídico*: nulidade e anulabilidade. 2. ed., Belo Horizonte: Del Rey, 2005. p. 5.
(179) Embora se tenha ciência das divergências doutrinárias entre os significados atribuídos à abusividade e à ilicitude, os termos serão aqui tratados como espécies de um mesmo gênero, atendo-se à redação do art. 187 do Código Civil, no sentido de que a ilicitude ali contida é "uma referência a uma ilicitude *lato sensu*, no sentido de contrariedade ao direito como um todo, e não como uma identificação entre a etiologia do ato ilícito e a do ato abusivo, que são claramente diversas". (SOUZA, Carlos Affonso Pereira de. *Op. cit.*, p. 82).

Nos casos de despedimento *ilícito*, em qualquer modalidade —, a entidade empregadora deverá pagar ao trabalhador o valor das *retribuições* correspondentes ao período entre o despedimento e "o trânsito em julgado da decisão do tribunal" (art. 390º/1), aquilo que ele "ganharia" se o contrato tivesse subsistido (o chamado "salário de tramitação", porque corresponde ao tempo que demorou a apreciação judicial do caso), e reintegrá-lo, com a categoria e a antiguidade devidas.[180]

Tornou-se, no Brasil, um tema-tabu a figura da reintegração, que remete à estabilidade e a sua mitigação após sua substituição pelo Fundo de Garantia do Tempo de Serviço, com as exceções legais. Sem se imiscuir no contexto histórico que culminou com a extinção da estabilidade decenal e sobre os motivos econômicos e políticos que a justificaram, o fato é que não se trata de reavivá-la (embora essa não fosse uma ideia difícil de se defender), não nos limites deste trabalho, mas de se extrair da nulidade de um ato jurídico os efeitos daí advindos.

A desobediência à medida proibitiva de dispensa abusiva, por outro lado, provoca a anulação do ato resilitório não em virtude de alguma garantia peculiar do qual desfruta determinado empregado, mas em decorrência do exercício abusivo do direito de despedir por parte do empregador. A causa da ineficácia da dispensa, pois, é o fato do empregador ter infringido princípios de observância obrigatória. A sanção anulatória, portanto, resulta exclusivamente da motivação do ato resilitório praticado pela entidade patronal, não sendo condicionada à presença de alguma forma de estabilidade jurídica no emprego. O seu campo de incidência, destarte, é consideravelmente maior do que a seara da estabilidade jurídica.

O surgimento dessa nova categoria de medida restritiva, por sua vez, acaba por destruir uma tese antes defendida por alguns juristas: a de que a reintegração no emprego era "umbilicalmente" ligada à estabilidade no emprego.[181]

O efeito mais legítimo da decretação de uma nulidade é a restituição das partes ao estado anterior, sem prejuízo de eventual indenização, o que não significa, de modo algum, substituição da obrigação de fazer por obrigação de indenizar.[182]

---

(180) FERNANDES, Antônio Monteiro. *Direito do Trabalho*. 17. ed., Coimbra: Almedina, 2014. p. 525.
(181) TEIXEIRA, Sergio Torres. *Op. cit.*, p. 311.
(182) "Assim, de acordo com a nova redação do art. 366º do CT, *as regras de cálculo da indemnização por despedimento colectivo* passaram a ser as seguintes:i) A compensação continua a ser calculada de acordo com a antiguidade do trabalhador, mas passou a ter como base 12 dias de retribuição base e diuturnidades por cada ano completo de antiguidade (n. 1), correspondendo o valor diário da retribuição e diuturnidades, a ter em conta para aquele cálculo, a 1/30 avos do valor da retribuição base mensal e diuturnidades (n. 2, c).

ii) Contudo, tal compensação passa a estar sujeita a um tecto máximo, que resulta da conjugação dos seguintes critérios, enunciados no n. 2 do art. 366º: o valor da retribuição e diuturnidades a considerar não pode ser superior a 20 vezes a retribuição mínima mensal garantida (al. a); o montante global da compensação não pode ultrapassar 12 vezes o valor da retribuição mensal e diuturnidades do trabalhador ou, quando seja aplicável o limite previsto na alínea a), o valor de 240 vezes a retribuição mínima mensal garantida.

iii) O valor da compensação correspondente a fracções de ano é calculado proporcionalmente (n. 2, d), mas desapareceu o valor mínimo de compensação correspondente a 3 meses de retribuição base e diuturnidades.

A reintegração aos postos de serviço é, dessa forma, a consequência jurídica mais indicada e é aquela que privilegia o bem jurídico objeto da tutela — o emprego. A indenização é medida que pode ser conjugada com a reintegração, mas não substitutiva a esta.

Além disso, constitui preceito da teoria geral do direito que a declaração da nulidade do ato deve reconstituir as coisas no estado em que se encontravam antes da realização do ato anulado. Ora, se a cessação do vínculo estava proibida, a declaração da nulidade do ato gera, consequentemente, a determinação da reintegração, como forma de se retomar o *status quo*.

Lembre-se, a propósito, que a relação de emprego é um dado jurídico objetivo que não se inicia por dependência exclusiva da vontade das partes e por consequência não será a vontade do empregador, unilateralmente manifestada, o elemento absoluto da sua cessação. A objetividade jurídica para a cessação do vínculo é a motivação do ato. Sem esta o vínculo permanece existente de forma válida, produzindo, portanto, todos os seus efeitos. A reintegração sequer é a constituição (reconstituição) do vínculo. Trata-se, apenas, da concretização, do ponto de vista fático, de um dos efeitos necessários da dinâmica da relação de emprego: a prestação de serviços.

A indenização, como forma de reparar o prejuízo causado pelo ato nulo, aparece apenas alternativamente na impossibilidade de concretização da reversão dos fatos.

A reintegração ao emprego, ademais, constitui a fórmula mais eficaz de cumprir o direito a sua função social.[183]

É essa a disposição existente no Direito português:

O princípio geral em matéria de ilicitude do despedimento é o da reintegração do trabalhador, uma vez que é a reintegração que assegura plenamente a reposição da situação que existia antes do despedimento ilícito. Neste sentido, o art. 389º n. 1 b) do CT prevê a condenação do empregador, que praticou um despedimento ilícito, a reintegrar o trabalhador, exigindo que a reintegração seja feita no estabelecimento onde o trabalhador prestava serviço anteriormente e sem prejuízo da sua categoria e dos direitos decorrentes da antiguidade.

O direito à reintegração é estabelecido pela lei em alternativa ao direito à indemnização (previsto no art. 389º n. 1 a) do CT), pelo que, se o trabalhador não pretender

---

iv) Por fim, o valor da compensação, determinado de acordo com as novas regras, deve ser considerado como um valor legal mínimo, uma vez que os instrumentos de regulamentação colectiva do trabalho podem dispor sobre esta matéria, nos termos do art. 339º, n. 3 do CT. Contudo, a possibilidade de regular esta matéria em instrumento de regulamentação colectiva apenas existe para as convenções colectivas celebradas já na vigência das novas regras uma vez que, para assegurar a eficácia imediata das novas regras, o art. 7º n. 1 da L. n. 23/2012, de 25 de Junho e depois, o art. 8º a) e b) da L. n. 69/2013, de 30 de Agosto, determinam a nulidade das cláusulas dos instrumentos de regulamentação colectiva de trabalho anteriores sobre a matéria." (RAMALHO, Maria do Rosário Palma. *Op. cit.*, p. 1034-1035).
(183) SOUTO MAIOR, Jorge Luiz. *Curso de Direito do Trabalho*: v. 2: a relação de emprego. São Paulo: LTr, 2008, p. 439.

ser reintegrado, tem que se manifestar a sua vontade no sentido de ser indemnizado até ao termo da audiência final de julgamento (art. 391º n. 1). [...].[184]

Trata-se de assegurar o cumprimento de obrigação que prestigia o bem jurídico mais importante — o emprego. Afinal, é essa a inteligência do art. 497 do CPC, que determina que, nas obrigações de fazer, a tutela específica deverá ser priorizada: "Na ação que tenha por objeto a prestação de fazer ou de não fazer, o juiz, se procedente o pedido, concederá a tutela específica ou determinará providências que assegurem a obtenção de tutela pelo resultado prático equivalente".

A protecção do trabalhador no que toca à cessação do contrato de trabalho é um dos aspectos mais importantes — senão mesmo o aspecto decisivo — da tutela laboral, tanto por razões económicas, como por razões de paz social e ainda por razões jurídicas: do ponto de vista económico, a tutela do trabalhador subordinado na cessação do contrato justifica-se pelo facto de, na esmagadora maioria dos casos, o trabalhador depender dos rendimentos do trabalho para a sua sobrevivência pessoal e para a subsistência dos seus dependentes, para além de se justificar pelas vantagens económicas gerais que decorrem de um mercado de emprego dotado de estabilidade; do ponto de vista social, esta tutela justifica-se pelo facto de um ambiente de elevada instabilidade nos postos de trabalho pôr em perigo a paz social; do ponto de vista jurídico, a tutela do trabalhador na cessação do seu vínculo justifica-se na debilidade negocial do trabalhador perante o empregador e na posição de domínio que este ocupa no contrato, enquanto titular dos poderes laborais, com destaque para o poder disciplinar, que, na sua faceta punitiva, pode determinar a aplicação de sanção expulsiva do despedimento.[185]

Toda a discussão até aqui travada tem como cerne a proteção ao emprego e a tentativa de minimizar os efeitos negativos decorrentes de sua perda. Logo, não estaria em consonância com o raciocínio até agora delineado a ideia de que a fixação de indenização pecuniária pudesse se sobrepor ao *direito ao emprego*.

Nesse sentido, a aquisição de um emprego, sobre o qual incide o Direito do Trabalho, passa a ser um *status* relevante na sociedade. A venda da força de trabalho, que numa concepção capitalista pura, significa, meramente, a exploração do capital sobre o trabalho, ganha, com a inserção das normas trabalhistas, a inevitável repercussão de ordem obrigacional, que preserva o ser humano, integra o trabalhador à sociedade e ao mesmo tempo fornece sustentação econômica às políticas públicas de interesse social. Ser empregado passa a ser uma posição social relevante, sendo a aplicação da normatividade do Direito do Trabalho determinante para preservar esse valor.[186]

---

(184) RAMALHO, Maria do Rosário Palma. *Op. cit.*, p. 1006/1007.
(185) *Ibidem*, p. 769.
(186) SOUTO MAIOR, Jorge Luiz. *Curso... Op. cit.*, p. 15.

Defende-se que a indenização seja *mais uma* e não *a única* medida a ser tomada no caso das despedidas coletivas inválidas. Defende-se ainda que ela seja proporcional aos danos causados a cada empregado individualmente considerado, mas que ela também abranja os danos sociais causados à coletividade.

Cumpre verificar que o próprio Direito Civil avançou no reconhecimento da situação de que vivemos em uma "sociedade de produção em massa". Atualmente, nos termos dos arts. 186 e 187 do Código Civil, aquele que, ultrapassando os limites impostos pelo fim econômico ou social, gera dano ou mesmo expõe o direito de outrem a um risco comete ato ilícito. O ilícito, portanto, tanto se perfaz pela provocação de um dano a outrem, individualmente identificado, quanto pela desconsideração dos interesses sociais e econômicos, coletivamente considerados. Na ocorrência de dano de natureza social, surge, por óbvio, a necessidade de se apenar o autor do ilícito, para recuperar a eficácia do ordenamento, pois um ilícito não é mero inadimplemento contratual e o valor da indenização, conforme prevê o art. 944, do CC, mede-se pela extensão do dano, ou seja, considerando o seu aspecto individual ou social. Como já advertira *Paulo Eduardo Vieira de Oliveira*, o efeito do ato ilícito é medido, igualmente, sob o prisma da integridade social.[187]

Aliás, já há jurisprudência sobre o tema da condenação em indenização por danos morais à coletividade, como a que se pode verificar do acórdão prolatado pelo Tribunal Superior do Trabalho nos autos do processo TST-RR-9800-84.2009.5.02.0251,[188] em que foram partes o Ministério Público do Trabalho da 2ª Região, Sindicato dos Trabalhadores nas Indústrias Siderúrgicas, Metalúrgicas, Mecânicas, de Material Elétrico e Eletrônico e Indústria Naval de Cubatão, Santos, São Vicente, Guarujá, Praia Grande, Bertioga, Mongaguá, Itanhaém, Peruíbe e São Sebastião e Usinas Siderúrgicas de Minas Gerais S.A. — Usiminas, que resultou em condenação de R$ 50.000,00 (cinquenta mil reais), revertidos ao Fundo de Amparo do Trabalhador.

> Não resta dúvida quanto à proteção que deve ser garantida aos interesses transindividuais, o que se encontra expressamente delimitado no objetivo da ação civil pública, que expressamente busca garantir à sociedade o bem jurídico que deve ser tutelado.
>
> Também não há qualquer dúvida de que, no caso dos autos, o interesse coletivo foi atingido, em face da atitude da ré em proceder a dispensa em massa dos trabalhadores sem que tivesse havido negociação coletiva prévia. Ressalte-se que a realização de dissídio coletivo posterior por meio do qual as partes firmaram acordo, não tem o condão de afastar a ocorrência do dano moral.
>
> O sujeito ativo da relação jurídica em exame é a própria coletividade que teve o bem jurídico lesado, qual seja, a honra coletiva atingida pela atitude empresarial, cujo comportamento é repudiado em nosso ordenamento jurídico. [...]
>
> Quando se fala em dano moral coletivo, está-se fazendo menção ao fato de que o patrimônio valorativo de uma certa comunidade (maior ou menor), idealmente considerado, foi agredido de maneira absolutamente injustificável do ponto de vista jurídico.

---

(187) *IbIdem*, p. 184/185.

(188) A decisão adotou, contudo, como fundamento único para a condenação a ausência de prévia negociação.

Verificado o dano à coletividade, que tem a dignidade e a honra abalada em face do ato infrator, cabe a reparação, cujo dever é do causador do dano.

Do mesmo modo em que há reparação do dano individual, há que se proceder à reparação do dano coletivo, sob pena de estimular a prática delituosa, além de se proporcionar à sociedade uma satisfação contra o ato ilícito, em face de uma ordem jurídica mais justa.

O fato de ter havido dispensa em massa sem que fosse oportunizado à categoria o direito de discutir coletivamente a questão não viola apenas o direito do trabalhador quando a conduta atinge um número de empregados, e não é direcionada ao patrimônio individual de cada um, ou seja, afeta amplamente a coletividade ante o prejuízo decorrente da conduta ilícita.[189]

Oyama Andrade noticia que:

> Por meio de ações civis públicas, o MPT tem alcançado a condenação de empresas por dano moral coletivo, em face do descumprimento da premissa fixada pelo Tribunal Superior do Trabalho no caso Embraer. A empresa União Motores Elétricos e outras metalúrgicas de Santa Catarina foram condenadas ao pagamento de R$ 100.000,00 (cem mil reais) pela redução do quadro de funcionários de 520 para 70 empregados, sem negociação coletiva com o sindicato. A empresa Amaron Comércio e Serviço Ltda., no Paraná, também foi acionada pelo mesmo motivo e realizou acordo judicial para reparação do dano coletivo.[190]

O montante da indenização, no Direito português é calculado com base no art. 366º do Código do Trabalho, sendo correspondente a 12 dias de retribuição base e diuturnidades por cada ano completo de antiguidade. O cálculo é ainda condicionado de algumas maneiras: a totalidade da compensação não pode ultrapassar 12 vezes a mensalidade tomada em conta (retribuição base mais diuturnidade), que por sua vez, não pode ser superior a 20 vezes a retribuição mínima garantida.

Entender-se que a reintegração aos postos de serviço pode ser substituída por indenização reparatória, apenas, além de fazer crer que a responsabilidade social diminui na proporção do volume de capital que se possua, significa desprestigiar a proteção dos direitos *in natura*, tornando-os sempre passíveis de ressarcimento, o que não se coaduna com a atual fase vivenciada pelo Estado de Direito.

A tutela da obrigação contratual na forma específica é reflexo da tomada de consciência de que é imprescindível, dentro da sociedade contemporânea, dar ao jurisdicionado o bem que ele tem o direito de receber, e não apenas o seu equivalente em pecúnia.

A tutela pelo equivalente monetário tem uma íntima relação com os valores do direito liberal. Na verdade, a indiferença pela diversidade dos bens e das pessoas,

---

(189) BRASIL. Tribunal Superior do Trabalho. *Recurso de Revista n. 9800-84.2009.5.02.0251*. Rel. Min. Dora Maria da Costa. Em seu acórdão, o TST manteve a decisão do TRT (cf. BRASIL. Tribunal Regional do Trabalho da 2ª Região. *Agravo de Instrumento em Recurso de Revista n. 9800/2009-0251-02*).
(190) ANDRADE, Oyama Karyna Barbosa. *Op. cit.*, p. 110.

peculiar ao direito liberal, reflete, no plano da sanção, uma tutela que se exprime pelo equivalente pecuniário.

Se todos os bens e pessoas são iguais, e assim não merecem tratamento diferenciado, não há razão para pensar em tutela específica, bastando a tutela prestada em pecúnia, que mantém em funcionamento os mecanismos da economia de mercado.

Por outro lado, se importa para o direito liberal a autonomia da vontade, e se o Estado não pode interferir na esfera jurídica do particular, não há como admitir uma tutela que exija a interferência do Estado-juiz na relação jurídica para que o adimplemento possa ocorrer na forma específica. Se os homens são livres para se autodeterminarem no contrato, não cabe ao Estado interferir na relação jurídica, assegurando o adimplemento na forma específica.

Quando não se admite a tutela na forma específica, aceitando-se apenas a tutela pelo equivalente monetário, confere-se ao detentor do bem ou do capital a possibilidade de transformar o direito ao bem em dinheiro. Em um sistema desta natureza, aquele que necessita do bem, e por isso realiza o contrato, jamais tem efetivamente assegurado o seu direito, enquanto que o detentor do capital ou do bem tem a possibilidade de, a qualquer momento, e inclusive em razão de uma "variação do mercado" que não lhe é benéfica, liberar-se da obrigação de entregar o bem mediante a prestação de um valor em pecúnia.

Na sociedade de massa, em que é imprescindível a proteção da posição do consumidor, não há como não se conferir ao jurisdicionado a tutela na forma específica. Como já foi dito, no sistema em que não há tutela específica, o consumidor não tem direito ao bem, já que o empresário detém a possibilidade de transformar este direito em pecúnia. Na verdade, o ordenamento jurídico que não conhece a tutela específica afirma que a parte mais forte no contrato pode sempre quebrá-lo, bastando estar disposta a pagar por isto.

A tutela na forma específica, como é óbvio, é a tutela ideal do direito material, já que confere à parte lesada o bem ou o direito em si, e não o seu equivalente em pecúnia. Não é por outra razão, aliás, que os arts. 461 do CPC e 84 do CDC, demonstrando uma verdadeira obsessão pela tutela específica, afirmam que a obrigação somente se converterá em perdas e danos se o autor o requerer ou se impossível a tutela específica ou a obtenção do resultado prático equivalente.[191]

No dizer de Luiz Guilherme Marinoni e Sérgio Cruz Arenhart:

Não há dúvida de que a tutela específica protege de modo mais adequado o direito material. A tutela dirigida a evitar o ilícito é, evidentemente, muito mais importante do que a tutela ressarcitória. Por outro lado, no caso de dano não patrimonial, o ressarcimento na forma específica é o único remédio que permite que o dano não seja monetizado e que o direito, assim, encontre uma forma efetiva de reparação.

---

(191) MARINONI, Luiz Guilherme. *Tutela específica*. 2. ed., São Paulo: Revista dos Tribunais, 2001. p. 183/185.

Na realidade, o direito à tutela jurisdicional efetiva tem como corolário a regra de que, quando possível, a tutela deve ser prestada na forma específica. Isso porque o direito do credor à obtenção de uma utilidade específica sempre prevalece sobre a eventualidade da conversão do direito em um equivalente.[192]

O poder econômico do qual é dotado o grande capital frente à classe trabalhadora faz com que se trace um paralelo com o poder estatal e seus cidadãos. Isso ocorre ainda com aqueles que não são dotados de grande poder econômico, que, pela simples condição de empregadores, manejam a disciplina no ambiente de trabalho, sendo responsáveis pelas punições aos empregados (sem que lhes seja assegurado o direito de defesa) e pelo abrupto rompimento motivado do vínculo de emprego.

Há de se destacar, também, que, além de o Estado realizar diversas atividades inicialmente reservadas aos particulares, arrefecendo a citada dicotomia entre o espaço público e privado, os entes não estatais, como por exemplo, sindicatos, associações e partidos políticos, passaram a exercer largos espaços de poder sobre a coletividade que os envolve, quebrando mais um dos dogmas do liberalismo, qual seja, a igualdade formal de todos os indivíduos perante a lei, ficando ainda mais evidente que "autoridade e poder não são atributos exclusivos do Estado, mas se manifestam também nas relações entre particulares".[193]

Essa relação hierarquizada e dotada de manifesta desigualdade de forças político-econômicas promove a submissão de toda uma massa de indivíduos trabalhadores a um polo de poder econômico, do qual emanam as mais diversas ordens, nem sempre legais, nem sempre democráticas, nem sempre contestáveis de modo eficiente e tempestivo.

Uma forma eficaz de moldar o arbítrio no seu nascedouro é condicionar a validade do ato praticado a sua exposição de motivos, de modo que motivos inexistentes ou desvinculados da realidade fática implicam na nulidade do ato, assim como ocorre com os atos administrativos.

Como se notou, está erradicada do ordenamento laboral português a admissibilidade do despedimento não motivado.

A *exteriorização* do fundamento da decisão de despedir — e, implicitamente a *conformidade jurídica* desse fundamento que, assim, se torna controlável — é condição da eficácia da declaração extintiva em que o despedimento se traduz.[194]

Além de a exposição de motivos do ato da despedida coletiva significar o exercício da boa-fé objetiva por parte do empregador, por meio do dever acessório de informar, a

---
(192) MARINONI, Luiz Guilherme; ARENHART, Sérgio Cruz. *Curso de Processo Civil*: v. 2: processo de conhecimento. São Paulo: Revista dos Tribunais, 2007. p. 434.
(193) COSTA, Marcelo Freire Sampaio. *Eficácia dos direitos fundamentais... Op. cit.*, p. 61.
(194) FERNANDES, Antônio Monteiro. *Op. cit.*, p. 510.

motivação da despedida atuará como controle da liceidade da conduta patronal, eis que, de acordo com a teoria dos motivos determinantes, a veracidade dos motivos de fato elencados como justificativa para a prática do ato será determinante para sua sobrevivência ou nulidade.

Deixando de subsistir o ato de despedimento eivado de nulidade, retornando as partes ao estado anterior ao que se encontravam antes da prática do ato, a consequência legítima para restauração deste estado é o retorno dos empregados aos postos de emprego, sem prejuízo do ressarcimento dos danos promovidos pelo afastamento indevido, inclusive coletivos.

3.4 PROCEDIMENTOS E PARTICIPANTES

No Direito português, o procedimento para implementação do despedimento coletivo conta com a participação da comissão de trabalhadores ou, na sua falta, das comissões sindicais da empresa, que representem os trabalhadores a abranger (art. 360º, n. 1), e, na falta destas entidades, dos trabalhadores que possam vir a ser abrangidos pela medida do despedimento. Os órgãos governamentais, representados pelo Ministério do Trabalho, também devem se comunicados.

Já o procedimento a ser observado segue em regra três fases: comunicação aos representantes dos trabalhadores da intenção de despedir, instruída com documentação sobre as causas que motivam o expediente, com a justificação das medidas que se propugnam; consulta à estrutura representativa dos trabalhadores, que deverá ser de 30 dias (15 se a empresa tiver menos de 50 trabalhadores), devendo o empregador facilitar a documentação necessária para comprovar os motivos e a justificação das medidas, nos termos a adotar regularmente; decisão administrativa.[195]

A comunicação reveste obrigatoriamente forma escrita e deve ser acompanhada de informação relativa aos elementos constantes do n. 2 do art. 360, quais sejam, a indicação dos motivos justificativos do despedimento, do número de trabalhadores a abranger e respectivas categorias, do tempo do processo e do método de cálculo de eventuais compensações a arbitrar, para além da indenização legal prevista no art. 366º. Desta comunicação e dos elementos anexos deve ser remetida cópia aos serviços competentes do Ministério responsável pela área laboral (art. 360º, n. 5). Na falta de representantes dos trabalhadores, a comunicação da intenção de despedimento é enviada a cada trabalhador, mas, para efeitos da continuação do processo, devem os trabalhadores designar, no prazo de 5 dias úteis sobre a recepção desta comunicação, uma comissão representativa, composta por três a cinco elementos, consoante o despedimento abranja até cinco ou mais de cinco trabalhadores, respectivamente. Neste caso, os elementos justificativos da intenção de despedimento, indicados no art. 360º, n. 2, serão remetidos a esta comissão *ad hoc* (art. 363, n. 3 e 4).

Segue-se uma fase de informação e de negociação entre o empregador e os representantes dos trabalhadores, que decorre ao longo de 5 dias — o que corresponde a um encurtamento do prazo anteriormente previsto para este feito — e cujo objetivo é chegar a um acordo sobre o modo de prossecução do despedimento e sobre a viabilidade de medidas alternativas ao mesmo (art. 361º, n. 1). Nesta fase, é também prevista a intervenção dos representantes do Ministério competente na área laboral, tendo esta intervenção como objetivo apenas

---

(195) XAVIER, Bernardo da Gama Lobo. *Op. cit.*, p. 200-202.

assegurar a regularidade formal do processo, promover a conciliação entre as partes e, a solicitação destas, definir as medidas de emprego, formação profissional e segurança social que sejam adequadas à solução adotada pelas partes (art. 362º).

Em suma, a intervenção administrativa no processo tem apenas um escopo técnico, mas nenhum pendor decisório. A última fase do processo é a *fase decisória*, que compete ao empregador. Esta fase inicia-se decorridos 15 dias sobre o acordo obtido na fase negocial, ou, na falta deste acordo, sobre a comunicação inicial da intenção de proceder ao despedimento. A fase decisória do processo para despedimento coletivo passa pelos seguintes trâmites: i) O empregador comunica por escrito, a cada trabalhador, a decisão de despedimento, com menção expressa do motivo e da data da cessão do respectivo contrato, e indicando o montante da compensação devida e a forma e lugar do respectivo pagamento (art. 363º, n. 1); ii) Na data destas comunicações, o empregador deve remeter as atas das negociações ao serviço competente do Ministério responsável pela área laboral, bem como um mapa dos trabalhadores abrangidos pela medida do despedimento, com informações detalhadas relativamente a casa trabalhador. Este mapa deve ainda ser remetido às estruturas representativas dos trabalhadores (art. 363º, n. 3 "a" e "b", respectivamente).

Durante o período que medeia entre esta comunicação e a cessação do contrato, o trabalhador dispõe de um crédito de horas de dois dias por semana, sem perda de retribuição, para procurar emprego. A utilização deste crédito de horas segue os termos previstos no art. 364º. Decorrido o prazo de aviso prévio, o contrato cessa, presumindo-se que o trabalhador aceitou o despedimento com o recebimento da compensação legal nos termos já referidos (art. 366º, n. 4). Contudo, para afastar a presunção em sede do processo de impugnação do despedimento, o trabalhador deve colocar à disposição do empregador (e, quando seja o caso, do Fundo de Compensação do Trabalho) a totalidade da compensação auferida pelo despedimento (art. 366º, n. 5, na redação dada pela Lei. n. 69/2013).

Na França, são previstos dois procedimentos diversos, a depender do número de empregados afetados pela despedida.

No *petit licenciement* (2 a 9 trabalhadores durante 30 dias), o procedimento inicia-se pela consulta à estrutura representativa dos trabalhadores, da qual se colherá parecer, transmitido depois aos serviços oficiais de trabalho. Pelo menos três dias antes da reunião, o empregador juntará à respectiva convocatória todas as informações úteis sobre o projeto de despedimento. No mínimo, indicará as razões econômicas, financeiras ou técnicas, o número de trabalhadores a serem despedidos, as categorias profissionais atingidas, os critérios propostos para a escolha dos trabalhadores a despedir, o calendário previsto para os despedimento, os projetos de reconversão e outras medidas sociais. Não é, em regra, referido o nome dos trabalhadores cujo despedimento se encara. Na sequência da reunião, será emitido o referido parecer da estrutura representativa dos trabalhadores (em regra, o comitê da empresa). Cada um dos trabalhadores a despedir será convocado para uma entrevista, a qual tem essencialmente por objetivo conseguir uma cessação por acordo (*convention de conversion*), em que o trabalhador beneficiará da possibilidade de frequentar um curso de formação profissional que durará no máximo 6 meses. O formando continua a receber uma grande percentagem do salário, com financiamento público. Se o trabalhador se recusar a acordar na convenção de reconversão, o empregador, decorridos obrigatoriamente alguns dias, enviará uma carta de notificação de despedimento e com menção expressa de que o despedido terá prioridade se houver admissões. O trabalhador terá direito ao aviso prévio e à indenização já referenciados.

No *grand licenciement* (10 ou mais trabalhadores num período de 30 dias) torna-se necessária uma ponderação mais atenta das questões de emprego e de financiamento da segurança social colocados por um despedimento coletivo de larga dimensão. A lei procura desde logo que sejam evitados na medida do possível os problemas por meio de uma *gestão previsional de pessoal*, com acompanhamento mais eficaz das estruturas representativas dos trabalhadores, em ordem a evitar os despedimento. Mas se estes ainda assim se tornarem necessários, o empregador agirá nos mesmos termos indicados para o *petit licenciement*, transmitindo previamente ao comitê todas as informações e elementos já referidos. Para além disso, nas empresas com mais de 50 trabalhadores, deverá ser submetido ao comitê um *plano social*, preparado para evitar os despedimentos, para os limitar no seu número ou para facilitar a reconversão dos trabalhadores. A falta do plano social ou a sua insuficiência notória (verificada pelos serviços oficiais de trabalho) acarreta responsabilidade civil e penal do empregador, tornando o processo de despedimento nulo e de nenhum efeito. Para melhor examinar os dados, o comitê poderá fazer-se assistir por um técnico de contas (*expert-comptable*), pago pela empresa: para o efeito deste exame, abrir-se-ão os prazos necessários, variáveis (de 14 a 28 dias) segundo o volume dos despedimentos. Seguidamente, entrar-se-á numa fase de debate, com propostas dos trabalhadores, conferindo-se um prazo igual para que o empregador as possa examinar e a elas responder. Finalmente, haverá uma última reunião de debate, em que se exprime o parecer do comitê. No caso de não ter sido nomeado técnico de contas, o procedimento é aligeirado. Decidido o despedimento coletivo, as cartas de despedimento só podem ser dirigidas a cada um dos trabalhadores com um prazo dilatório de 30, 45 ou 60 dias, conforme o volume dos despedimentos. Nas cartas de despedimento são indicados com exatidão os motivos e enunciada a prioridade em eventual admissão. A violação dos critérios de seleção implica, como já se aludiu, uma indenização especial.[196]

No Brasil, o Projeto de Lei n. 5.353/2009[197] prevê, no art. 3º, que o empregador deverá enviar solicitação escrita à Superintendência Regional do Trabalho e Emprego, para a extinção dos contratos, com antecedência mínima de trinta dias, com indicação fundamentada da causa para despedida e remessa de toda documentação necessária à comprovação dos fatos alegados, devendo o empregador demonstrar, em seu pedido, que adotou medidas para evitar a despedida coletiva, tais como a concessão de férias coletivas, restrição à prática de horas extras e labor em repouso remunerado, a transferência de empregados para outros postos ou unidades de serviço, o treinamento de mão de obra e o estímulo às demissões voluntárias.

Prevê-se, ainda, que a Superintendência Regional do Trabalho e Emprego comunicará do pedido ao representante local do Ministério Público do Trabalho e que a entidade sindical representante dos trabalhadores será comunicada com igual antecedência pelo empregador, com cópia integral do pedido.

Já no art. 5º dispõe-se que:

> Art. 5º Uma vez verificado que o pedido se encontra em ordem e suficientemente instruído, a autoridade administrativa designará audiência de conciliação com a entidade sindical, com antecedência mínima de dez dias, ressalvados os casos urgentes, da qual será dado [sic] ciência ao repre-

---

(196) XAVIER, Bernardo da Gama Lobo. *O despedimento colectivo*.... p. 217-220.
(197) BRASIL. Câmara dos Deputados. *Projeto de Lei n. 5.353/2009*. Disponível em: <http://www.camara.gov.br/sileg/integras/666304.pdf>.

sentante do Ministério Público do Trabalho, para viabilizar a manutenção dos postos de serviço, a adoção de medidas para atenuar as consequências para os trabalhadores afetados ou a elaboração de plano para redução das dispensas.

§ 1º É facultado às partes celebrarem acordo ou convenção coletiva para manutenção dos empregos.

§ 2º Na ausência de conciliação, a autoridade administrativa proferirá decisão, em prazo não superior a dez dias, concedendo ou não autorização.

§ 3º É facultado às partes questionar judicialmente a legalidade da decisão, caso em que o Ministério Público do Trabalho será intimado para atuar como fiscal da lei, não cabendo a submissão da demanda à Comissão de Conciliação Prévia, se existente.

Vê-se, portanto, que a participação dos sindicatos das categorias profissionais envolvidas, do Ministério do Trabalho e Emprego e do Ministério Público do Trabalho é fundamental para a validade do procedimento que implicará no despedimento coletivo, não por apego à forma e à burocratização do procedimento, mas para que sejam feitos estudos robustos sobre as condições financeiras da empresa, sobre as opções para minimizar os efeitos do desemprego, para se buscar alternativas para a extinção dos postos de trabalho.

Vale esclarecer que a participação dessas entidades não deve ser meramente figurativa, sendo-lhes assegurada a comunicação da intenção dos despedimentos em um prazo condigno com a complexidade da despedida, comunicação que deverá vir acompanhada de farta documentação financeira e contábil da empresa.

4

Estudos de caso. As despedidas coletivas promovidas pelas empresas Embraer e Usiminas e o papel do Poder Judiciário

> *Em terra onde todos são barões não é possível acordo coletivo durável, a não ser por uma força exterior respeitável e temida.*[198]

4.1 BREVES CONSIDERAÇÕES SOBRE O PAPEL DO JUIZ E DO PODER JUDICIÁRIO

Os processos judiciais envolvendo despedidas coletivas promovidas pelas empresas Embraer e Usiminas foram os primeiros a despertar uma nova postura por parte do Poder Judiciário. Envoltas pela dramaticidade que os casos traziam a lume, pelo número de empregados envolvidos e pelo contexto social e econômico em que estavam inseridas, as duas demandas significaram um novo marco no tema, a partir das quais a despedida coletiva ganharia novos contornos, seria vista sob uma diferente perspectiva.

Depois dos julgamentos dos processos n. TST-RODC-309/2009-000-15-00.4 (originário do TRT da 15ª Região) e TRT-SDC-200.57-2009.000-02.00.0 (TRT da 2ª Região), muitos outros vieram (alguns, inclusive, foram referidos ao longo da explanação) e estão a esperar por soluções inéditas, criativas, inovadoras. Mas estes dois, em especial, significaram a abertura do tema a outro patamar, paradigmático. Daí a relevância de serem estudados, referidos, esmiuçados.

Tais despedidas fizeram despertar no Poder Judiciário a *consciência* e a *sensibilidade* que a matéria impunha, exigindo de seus órgãos o enfrentamento de uma lacuna legislativa, até então evitada e temida. Não foi à toa a ebulição de críticas e questionamentos, nem sempre construtivos, quanto aos limites e à abrangência das decisões judicias que delas emanaram.

---

(198) HOLANDA, Sérgio Buarque de. *Op. cit.*, p. 32.

Por toda a explanação já feita anteriormente, sobretudo pela sustentação que se faz da força normativa da Constituição, em seu art. 7º, I, do princípio da dignidade humana, da função social da propriedade, e diante da impossibilidade de *non liquet* pelo Poder Judiciário quanto ao enfrentamento de casos omissos e do que dispõe o art. 8º da CLT, chega-se a conclusões opostas àquelas expostas por Eduardo Soto Pires.

> Uma vez que não existe diferenciação entre as dispensas, sejam elas individuais ou coletivas, os juízes trabalhistas no Brasil permanecem impossibilitados de aplicar as disposições sobre as dispensas coletivas previstas pelo Direito Comparado quando do julgamento de casos de dispensas de um grande número de trabalhadores.
>
> No cenário atual, se considerarmos que por consequência da crise econômica realizam-se cada vez mais dispensas que caberiam ser qualificadas como "coletivas" (algumas de grande envergadura, como o caso EMBRAER), *não tem se mostrado viável a proteção dos trabalhadores atingidos por tais dispensas, uma vez que os juízes brasileiros, a rigor, se vêm impedidos de adotar medidas de diminuição dos efeitos nocivos da dispensa em massa, como a negociação prévia com os representantes dos trabalhadores.*
>
> *Como vimos, diante da ausência de mecanismos legais de diferenciação entre as dispensas coletivas e individuais, os juízes brasileiros podem somente apresentar "recomendações", ainda que sob a denominação de "determinação para casos futuros", o que, em última análise, não produz a segurança jurídica desejada pelas partes.*[199] (grifei)

Os juízes brasileiros não só não estão impedidos como possuem o dever constitucional e legal de adotar medidas jurídicas que impeçam ou minorem os efeitos das despedidas coletivas. Elas são instituto jurídico diverso das dispensas individuais e plúrimas, e, como tal, requerem tratamento jurídico distinto, sobre o qual o Poder Judiciário não pode se omitir, já que, dentre os poderes da República, é o único que tem como premissa o dever de pronunciar-se sobre as questões que lhe são suscitadas.

Também não se pode concordar com a afirmação de que o sistema jurídico pátrio não dispõe de mecanismos aptos para tratamento do tema, eis que, conforme já esclarecido, a lacuna é legislativa, mas não jurídica. O fato de não haver dispositivo de lei que trate das despedidas coletivas não induz ao raciocínio de que o instituto não merece tratamento à altura de sua problemática. Toda a explanação feita até agora resgata princípios constitucionais e infraconstitucionais hábeis a comporem a trama desse roteiro.

Afirmar que ao juiz é dado tão somente apresentar "recomendações" no trato da despedida coletiva significa transformá-lo em órgão consultivo, desprovido do poder de imposição que lhe é característico. O Poder Judiciário não emite pareceres ou opiniões a consultas. Ele exara decisões judiciais, cuja característica primordial é serem vinculantes e dotadas, inclusive, de força coercitiva, quando não cumpridas voluntariamente.

---

(199) PIRES, Eduardo Soto. *Op. cit.*, p. 144.

Reduzir o poder imanente a uma decisão judicial à mera "recomendação" é retirar-lhe a razão de ser; é desconsiderar todo o arcabouço histórico e filosófico que fez surgir e consolidar, no atual estado da sociedade humana, a existência imprescindível do Poder Judiciário.

E, ainda que assim não fosse, ou seja, que o arcabouço normativo pátrio não permitisse tratamento jurídico a partir da conjugação de seus princípios e normas (o que, como visto ao longo da explanação, não é verdadeiro), não poderia o órgão judicial omitir-se, silenciar-se ou isentar-se de seu mais profundo mister: posicionar-se, com força de lei, quanto às demandas concretas que são postas a sua apreciação.

Sem dúvidas, equiparar as despedidas coletivas às individuais é o caminho mais fácil — afinal, implica em evitar a exposição da decisão judicial ao escrutínio popular. Manter o estado atual das coisas, ainda que a medida não se apresente como a mais acertada e justa, é evitar o risco a que toda mudança está sujeita.

Mas não se acredita que o Poder Judiciário deva ser portador de temores e receios — afinal, isso representaria anular-se a razão de sua permanência dentre os órgãos de Poder da República. O Poder Judiciário é estimulado a responder às mais diversas demandas, e, ao longo do tempo, a resposta que profere pode significar inovação ao invés de repetição. É mesmo esperado que, com a sedimentação dos pensamentos construídos coletivamente por seus órgãos, os posicionamentos já consolidados cedam ao frescor de novas versões. Ainda que não acompanhem a velocidade das mutações sociais, as decisões judiciais podem e devem estar em sintonia com os valores, anseios e necessidades de seu tempo.

> É atribuída, pois, à magistratura uma competência interpretativa *em sentido forte* — quando torna imperativa e legítima a invocação de valores substantivos como *justiça, igualdade e liberdade*. Além disso, os princípios jurídicos abertos e indeterminados só adquirem efetividade com a mediação dos seus aplicadores: ou se confere liberdade ao intérprete para *concretizar* aqueles princípios, ou se renuncia à pretensão de *vivenciar* a Constituição.[200]

Assim como Souto Maior, quer-se crer que a decisão judicial implica em criação, no sentido de dar a vida, a luz ao texto normativo, sendo esta sua característica primordial, sem a qual a decisão judicial se equivaleria à mera propagação do texto legislativo, tal qual foi concebido.

Mas, do ponto de vista da construção teórica, que dá sustentabilidade ao direito, a jurisprudência somente será uma fonte do direito quando se torna integrada ao contexto doutrinário. Em outras palavras, a jurisprudência não será considerada fonte do direito quando se limite a aplicar a lei em seu sentido literal porque neste caso a fonte é a lei e não a decisão judicial que nada mais fez que confirmar o que a lei já dizia, e também não o será quando contrariar as bases teóricas do direito, ainda que tenha validade para solução do conflito e até que se anuncie, pela mídia,

---

(200) ALVARENGA, Lúcia Barros Freitas de. *Direitos Humanos, dignidade e erradicação da pobreza*: uma dimensão hermenêutica para a realização constitucional. Brasília: Brasília Jurídica, 1998. p. 191.

à população em geral. A autoridade da decisão judicial depende, evidentemente, dos argumentos jurídicos utilizados. Não sendo assim, a decisão não tem a força de integrar o ordenamento como uma de suas fontes.[201]

É função do Poder Judiciário, ainda, vivificar os princípios constitucionais mais caros ao ordenamento jurídico, mesmo que isso implique em raciocínio jurídico tormentoso e árduo. É claro que a legitimidade de uma decisão judicial não está apenas em sua conclusão e na determinação exarada com força de coisa julgada. A fundamentação exposta ao longo da decisão é que permitirá sua aferição e sua compatibilidade com o conjunto de normas, princípios e valores de que o ordenamento jurídico é composto.

> O juiz não pode ignorar o ordenamento jurídico. Mas, com base em princípios constitucionais superiores, poderá paralisar a incidência da norma no caso concreto, ou buscar-lhe novo sentido, sempre que possa *motivadamente* demonstrar sua incompatibilidade com as exigências de razoabilidade e justiça que estão sempre subjacentes ao ordenamento. Jamais deverá o magistrado se conformar com a aplicação mecânica da norma, eximindo-se de sua responsabilidade em nome da lei — não do direito! — supondo estar no estrito e estreito cumprimento do dever.[202]

Luís Roberto Barroso aduz, ainda, que, "Sem essa percepção mais aguda, [o juiz] estará sujeito à crítica devastadora de Plauto Faraco de Azevedo", qual seja:

> Preso a uma camisa de força teorética que o impede de descer à singularidade dos casos concretos e de sentir o pulsar da vida que neles se exprime, esse juiz, servo da legalidade e ignorante da vida, o mais que poderá fazer é semear a perplexidade social e a descrença na função que deveria encarnar e que, por essa forma, nega. Negando-a, abre caminho para o desassossego social e a insegurança jurídica.[203]

Uma das garantias mais caras à magistratura é a independência, sem a qual todo e qualquer magistrado se sentiria amarrado a dogmas, a precedentes, a decisões de cortes superiores, das quais discordam sua consciência e seu pensamento. É ela que permite que as decisões judiciais expressem os antagonismos dos interesses humanos, refletidos também no magistrado, que possibilita que as demandas sejam vistas com ineditismo e novidade.

Está-se a exigir dos magistrados um saber liberto da lei, multidisciplinar, antidogmático e antiformalista.

Claro, não é defeso adotar a lei ou a jurisprudência nos julgamentos. O que está fora de cogitação é repetir a lei sem reflexão sobre o justo no caso concreto e sem apreciação adequada às necessidades sociais, econômicas e políticas da época.

---

(201) SOUTO MAIOR, Jorge Luiz. Citado por COSTA, Marcelo Freire Sampaio. *Eficácia dos direitos fundamentais...* Op. cit., p. 27.
(202) BARROSO, Luís Roberto. *Interpretação...* Op. cit., p. 295
(203) AZEVEDO, Plauto Faraco de. Citado por BARROSO, Luís Roberto. *Interpretação...* Op. cit., p. 295.

A lei não é fim em si mesma. É mero critério de apreciação do Direito, e sua interpretação muito varia no tempo e no espaço, tudo de acordo com a índole de um povo em determinada época. São setas indicadoras do caminho justo, e não o caminho mesmo.[204]

A coletividade não precisa de juízes que se limitem a repetir a lei, tampouco os entendimentos jurisprudenciais já consolidados e que não mais refletem a necessidade daquele tempo e espaço. O que é imprescindível para a sociedade são juízes sem temor de dizer o que ainda não foi dito, mas que foi pensado e amadurecido por ele e por um agrupamento de pessoas dispostas a entender o direito em sua complexidade, inclusive quando em simbiose com fatores socioeconômicos.

Aliás, pode-se dizer que a ambiência natural dos princípios jurídicos é mesmo o texto constitucional. E dentro deste contexto de abertura jurídica, como condição para o contínuo adensamento do fenômeno jurídico, impõe-se ao jurista o dever de desconfiar de leituras herdadas, e mesmo de se inquietar com elas, se já não se afinam com o sentimento de justiça, ou não mais traduzem as expectativas contemporâneas da sociedade. Em verdade, mais do que catalogar, impõe-se, hoje, talvez como nunca, não só à jurisprudência, mas sobretudo ao profissional do direito, intensificar o conhecimento do fenômeno jurídico, encontrando novas conexões de sentido que as normas mantêm entre si e com os princípios ético-diretivos do ordenamento jurídico, cujo epicentro repousa no princípio da dignidade humana. Enfim, trata-se de um dever que incumbe e vincula a todos, Administração Pública e administrados, governantes e governados, Estado e sociedade.[205]

Cada decisão judicial, sobretudo aquelas que solucionam *casos difíceis*, implica manifestação de vontade do órgão julgador, que, além de expressar todo o arcabouço jurídico que adquiriu durante estudos e praxe, representa suas preferências, escolhas, valores, significações. É inútil, além de falsa, a ideia de que o magistrado pode ser e pode prolatar decisões neutras. Isso não significa parcialidade, mas, antes, que aquele juiz é o resultado de sua vivência humana, com os ônus e bônus daí advindos.

O juiz que não tem valores e diz que o seu julgamento é neutro, na verdade está assumindo valores de conservação. O juiz sempre tem valores. Toda sentença é marcada por valores. O juiz tem que ter a sinceridade de reconhecer a impossibilidade de sentença neutra.[206]

Idealmente, o intérprete, o aplicador do direito, o juiz, deve ser neutro. E é mesmo possível conceber que ele seja racionalmente *educado* para a compreensão, para a tolerância, para a capacidade de entender o *diferente*, seja o homossexual,

---

(204) PORTANOVA, Rui. *Motivações ideológicas da sentença*. 5. ed., Porto Alegre: Livraria do Advogado, 2003. p. 123.
(205) CASTRO, Carlos Roberto Siqueira. *A Constituição aberta e os direitos fundamentais*. Rio de Janeiro: Forense, 2010. p. 52.
(206) PORTANOVA, Rui. *Op. cit.*, p. 74.

o criminoso, o miserável ou o mentalmente deficiente. Pode-se mesmo, um tanto utopicamente, cogitar de libertá-lo de seus preconceitos, de suas opções políticas pessoais e oferecer-lhe como referência um conceito idealizado e asséptico de justiça. Mas não será possível libertá-lo do próprio inconsciente, de seus registros mais primitivos. Não há como idealizar um intérprete sem memória e sem desejos. Em sentido pleno, não há neutralidade possível.[207]

Não se crê que a decisão judicial seja o resultado matemático puro e silogístico da subsunção do fato à lei. Ela é principalmente o resultado de uma opção, nem sempre consciente, dentre os valores conflitantes; ela é o resultado do conhecimento do Direito em conjugação com provas, mas também é expressão dos sentimentos e da intuição do julgador, embora, em regra, eles não venham a lume. E é assim que deve ser, afinal, não se imagina o juiz (ou não se deve imaginá-lo) como um autômato, livre de influências sociais, econômicas, familiares. É a condição humana do juiz que possibilitará a concretude dos valores por meio de suas decisões.

O juiz não é escravo da lei. Pelo contrário, o juiz deve ser livre, deve ser responsável. Enfim, dotado de inteligência e vontade, o juiz não pode ser escravo nem da lei. A sentença, provindo de *sentir*, tal como *sentimento*, deve expressar o que o juiz sente, diante desse sentimento definir a situação. Não há como afastar, assim, o subjetivismo do julgador no ato de julgar.[208]

É claro que as considerações feitas até então não são válidas apenas para as decisões que são agora referidas. Mas a oportunidade é propícia para ressaltá-las, afinal, embora não estejam imunes a críticas, os julgados em questão significaram a abertura da despedida coletiva para outro patamar de discussão, no qual não são admitidas conclusões simplistas ou reducionistas, o que implica estender o horizonte além do espectro estritamente legal.

4.2 AS DECISÕES JUDICIAIS DOS *HARD CASES* ENVOLVENDO AS EMPRESAS EMBRAER E USIMINAS

No que diz respeito, especificamente, às decisões judiciais que trataram a despedida coletiva de forma pioneira, há de se destacarem alguns pontos, como a fixação de prévia negociação como parâmetro futuro, a fixação de indenização aos empregados dispensados, o destaque ao dever de informação.

O processo n. TST-RODC-309/2009-000-15-00.4, originário do TRT da 15ª Região e que possuía no polo passivo da demanda a Empresa Brasileira de Aeronáutica S/A — Embraer, fixou como *premissa para casos futuros* ser a negociação coletiva imprescindível para a dispensa em massa de trabalhadores.

---

(207) BARROSO, Luís Roberto. *Interpretação... Op. cit.*, p. 293.
(208) PORTANOVA, Rui. *Op. cit.*, p. 128.

Já o processo n. TRT-SDC-200.57-2009.000-02.00.0 do TRT da 2ª Região, envolvendo a Usinas Siderúrgicas de Minas Gerais S/A — Usiminas, resultou em acordo.

Apesar dos desfechos diversos, ambas as soluções foram significativas para a compreensão do complexo fenômeno das despedidas coletivas.

4.2.1 Embraer

O processo foi ajuizado pelo Sindicato dos Metalúrgicos de São José dos Campos e Região, tendo figurado como assistente litisconsorcial o Sindicato dos Trabalhadores nas Indústrias de Construção de Aeronaves, Equipamentos Gerais Aeroespacial, Aeropeças, Montagem e Reparação de Aeronaves e Instrumentos Aeroespacial do Estado de São Paulo — Sindiaeroespacial. O processo teve como relator o desembargador José Antônio Pancotti. Em sede de recurso ordinário, o processo teve a relatoria do ministro Mauricio Godinho Delgado.

Os trechos dos acórdãos a seguir foram selecionados pela relevância das posições adotadas:

4.2.1.1 Distinção entre as despedidas individual e coletiva

> Assim, rejeitada a proposta de suspensão do contrato, não havendo previsão normativa da categoria que estabeleça critérios para a demissão coletiva, constata-se uma inarredável lacuna no ordenamento jurídico em relação à matéria, a menos que se admita a eficácia da Convenção n. 158 da OIT.
>
> No entanto, não é dado ao juiz recusar-se de decidir ante a omissão ou de lacuna na lei, nos termos do art. 4º da Lei de Introdução ao Código Civil, que é norma geral de direito que orienta a aplicação de todo o ordenamento jurídico privado.
>
> Além disso, o direito do trabalho tem norma específica no art. 8º da Consolidação das Leis do Trabalho [...].[209]

O acórdão regional parte da premissa inicial de que as despedidas coletivas não possuem regramento legal ou normativo, o que o leva a concluir pela existência de lacuna legal, atraindo-se a aplicação dos art. 4º da Lei de Introdução às Normas do Direito Brasileiro e do art. 8º da CLT.

O primeiro passo para que se desse à despedida coletiva tratamento diverso das dispensas individuais foi reconhecê-la como instituto diverso, o que afasta imediatamente a equiparação de seu tratamento legal e de suas consequências jurídicas.

Também foi dessa mesma premissa que partiu o Tribunal Superior do Trabalho, ao afirmar que:

> A *dispensa coletiva*, por sua vez, é fato distinto da *dispensa individual* em sua estrutura, dimensão, profundidade, efeitos, impactos e repercussões.

---

(209) BRASIL. Tribunal Regional do Trabalho da 15ª Região. *Processo n. 309/2009-000-15-00.4*.

A dispensa coletiva, embora não esteja tipificada explícita e minuciosamente em lei, corresponde a fato econômico, social e jurídico diverso da despedida individual, pela acentuação da lesão provocada e pelo alargamento de seus efeitos, que deixam de ser restritos a alguns trabalhadores e suas famílias, atingindo, além das pessoas envolvidas, toda a comunidade empresarial, trabalhista, citadina e até mesmo regional, abalando, ainda, o mercado econômico interno. *É um fato manifestamente diferente da dispensa individual*.[210]

O reconhecimento da autonomia da despedida coletiva enquanto instituto jurídico pode ser comprovado pelo tratamento que recebe no Direito comparado, onde é objeto de legislação específica e farta doutrina. O fato de o ordenamento jurídico nacional não prevê-la em dispositivo legal é, de fato, elemento complicador para seu desenvolvimento e incidência, ante a multiplicidade de normas e princípios passíveis de aplicação, inclusive da legislação estrangeira, que lhe são familiares.

Neste trabalho, fez-se a opção pela aplicação dos princípios constitucionais e civis, sem se descurar do imprescindível auxílio do Direito comparado para se fixarem conceito, requisitos e procedimentos. Não é a única possível. Como já se afirmou anteriormente, talvez mais relevante que se definir a melhor solução para a situação fática em apreço seja a constatação e o reconhecimento de sua autonomia científica como instituto jurídico, parâmetro sobre o qual as decisões supra já se fixaram.

4.2.1.2 Força normativa dos princípios constitucionais

Regras e princípios constitucionais que determinam o respeito à dignidade da pessoa humana (art. 1º, III, CF), a valorização do trabalho e especialmente do emprego (arts. 1º, IV, 6º e 170, VIII, CF), a submissão da propriedade à sua função socioambiental (arts. 5º, XXIII e 170, III, CF) e a intervenção sindical nas questões coletivas trabalhistas (art. 8º, III e VI, CF), tudo impõe que se reconheça a distinção normativa entre as dispensas meramente tópicas e individuais e as dispensas massivas, coletivas, as quais são social, econômica, familiar e comunitariamente impactantes. Nesta linha, é inválida a dispensa coletiva enquanto não negociada com o sindicato de trabalhadores, seja espontaneamente, seja no plano do processo judicial coletivo. Para este Relator (que, neste aspecto, ficou vencido), a dispensa coletiva não regulada e atenuada pela negociação coletiva até mesmo ensejaria indenização compensatória superior às simples verbas da estrita dispensa individual, a par de outros efeitos em conformidade com a situação concreta enfocada.[211]

A relevância dos princípios constitucionais elencados no acórdão é indiscutível. A força normativa que lhes é ínsita revela que o tema faz emergir os mais caros valores que sustentam nosso ordenamento jurídico e, por consequência, nossa sociedade. Todos eles permeiam, de forma direta ou reflexa, a dignidade da pessoa humana, que é o vetor de toda e qualquer discussão constitucional de relevo.

Invocar princípios de tal monta, além de revelar que o tema guarda raízes profundas nas escolhas sociais e políticas de nosso constituinte, demonstra que a solução jurídica daí delineada deve, necessariamente, consideração pelo ser trabalhador e seu meio de sustento.

---

(210) BRASIL. Tribunal Superior do Trabalho. *Recurso Ordinário em Dissídio Coletivo n. 309/2009-000-15-00.4*. (Grifos originais).
(211) BRASIL. Tribunal Superior do Trabalho. *Recurso Ordinário em Dissídio Coletivo n. 309/2009-000-15-00.4*.

Mas não é só: interessante verificar o destaque à perspectiva coletiva dado pelo acórdão, que tomou em consideração não apenas a coletividade de trabalhadores afetados, mas a comunidade em que estão inseridos.

4.2.1.3 Eficácia normativa do art. 7º, I, da Constituição Federal

Cabe destacar que o art. 7º, I, da Constituição Federal, aplicado às dispensas coletivas, contém *norma de eficácia contida*, ou seja, regra constitucional cuja eficácia é redutível ou restringível por diploma infraconstitucional, conforme autorizado pela própria Constituição. Essas regras jurídicas *têm aplicabilidade imediata*, mas podem ter seu alcance reduzido (por isso fala-se em eficácia contida) pelo legislador infraconstitucional, segundo comando oriundo da própria Constituição.

[...]

Nesse quadro, a inércia do legislador em regulamentar as consequências e sanções previstas no caso de dispensa coletiva não pode impedir a aplicação de direitos previstos constitucionalmente, como estabelecido no já citado art. 7º, I, além de outros, como a dignidade da pessoa humana e os valores sociais do trabalho e da livre iniciativa, que são fundamentos da República. A Carta Magna prevê, ainda, que a ordem econômica é fundada na valorização do trabalho humano, e tem, entre seus princípios, a busca do pleno emprego.[212]

O acórdão reconhece a aplicabilidade imediata do inciso I do art. 7º da Constituição Federal, embora afirme que a norma possui eficácia contida, passível de restrição por norma superveniente.

Compreender que nossa Constituição possui garantia expressa e de alcance imediato no que tange à proteção contra as despedidas arbitrárias e sem justa causa, além de valorizar e maximizar a aplicabilidade e a eficácia da norma constitucional, promove o diálogo entre as demais normas constitucionais, sobretudo aquela que salvaguarda o valor social do trabalho.

A ausência de regulamentação da norma por parte do Poder Legislativo não pode ser impeditivo para que se extraia do dispositivo a interpretação que mais se coadune com o *espírito* constitucional.

4.2.1.4 Aplicabilidade de princípios dispostos no Código Civil

No caso dos autos, a ausência de informação e de tentativa de negociação prévia com as entidades sindicais interessadas, ou até mesmo com os próprios trabalhadores, que foram surpreendidos com a decisão repentina da empresa, representaria clara ofensa à boa-fé objetiva, ao princípio da confiança e ao dever de informação.

Além de afronta à boa-fé objetiva, a dispensa também constitui abuso de direito, nos termos do art. 187 do Código Civil, já que a empresa excedeu os limites impostos pelo seu fim social e econômico e pela boa-fé, tendo seu ato causado sérias conseqüências não apenas para os diretamente envolvidos como também para a sociedade como um todo.[213]

---

(212) BRASIL. Tribunal Superior do Trabalho. *Recurso Ordinário em Dissídio Coletivo n. 309/2009-000-15-00.4.*
(213) *Ibidem.* Voto vencido do relator Maurício Godinho Delgado.

O trecho do voto vencido, ora destacado, convoca alguns dos princípios infraconstitucionais, de natureza civil, de maior relevo em nosso ordenamento jurídico: a boa-fé objetiva e a vedação ao abuso de direito, ambos já mencionados e defendidos ao longo da explanação.

Eles são enquadrados pela doutrina como cláusulas gerais e, como tais, atuam como pontes intermediárias entre os princípios constitucionais e a solução dos casos concretos. São responsáveis pela eficácia horizontal dos direitos fundamentais em sua aplicação mediata.

4.2.1.5 Necessária prévia negociação coletiva

> Um ponto relevante é que a *dispensa coletiva* é questão grupal, massiva, comunitária, inerente aos poderes da negociação coletiva trabalhista, a qual exige, pela Constituição Federal, em seu art. 8º, III e VI, *a necessária participação do sindicato*. Trata-se de princípio e regra constitucionais trabalhistas, e, portanto, critério normativo integrante do Direito do Trabalho (art. 8º, III e VI, CF).[214]

A fixação da necessidade de prévia negociação coletiva é o grande destaque deste *leading case*, visto que foi fixada como parâmetro obrigatório para os procedimentos envolvendo as despedidas coletivas.

Este ponto, em particular, exige um maior detalhamento. Isso porque tal premissa ("a negociação coletiva é imprescindível para a dispensa em massa de trabalhadores"), por ser decorrente da interpretação do art. 8º, incisos III e VI, da Constituição Federal, deveria incidir no caso em apreço e não apenas para casos futuros.

A decisão proferida pelo Colendo Tribunal Superior do Trabalho não se equipara à lei para que só possa incidir sobre fatos que lhe sejam posteriores. É uma decisão judicial amparada em normas constitucionais, já vigentes, que primam pela negociação coletiva com as entidades sindicais representativas das categorias profissionais e econômicas quando da ocorrência de despedidas em massa.

Logo, neste aspecto, a decisão não só peca pela técnica (eis que não há fundamento bastante para que a premissa tenha apenas eficácia futura) como pelo mérito da questão, vez que as consequências práticas que daí adviriam (e que serão tratadas abaixo) ficaram frustradas.

Não é à toa que a decisão em apreço foi equiparada à mera "recomendação".[215]

4.2.1.6 Indenização compensatória pela dispensa abusiva

> "o direito de cada empregado demitido a uma compensação financeira de dois valores correspondentes a um mês de aviso prévio, até o limite de sete mil reais." (trecho do acórdão do processo n. 309/2009-000-15-00.4, da 15ª Região).
>
> [...]
>
> manutenção da decisão do TRT, alterando-se para 4 (quatro) vezes a quantia do aviso prévio indenizatório até o limite de R$ 14.000,00 (quatorze mil reais).[216]

---

(214) BRASIL. Tribunal Superior do Trabalho. *Recurso Ordinário em Dissídio Coletivo n. 309/2009-000-15-00.4*.
(215) PIRES, Eduardo Soto. *Op. cit.*, p. 144.
(216) BRASIL. Tribunal Superior do Trabalho. *Recurso Ordinário em Dissídio Coletivo n. 309/2009-000-15-00.4*. Voto vencido do relator Maurício Godinho Delgado.

O intuito da indenização não é apenas compensar as perdas advindas com o ato abusivo, mas também atuar como medida pedagógica, sendo para tanto fundamental que se leve em conta não apenas a gravidade da conduta, as consequências danosas, mas igualmente a capacidade econômica do agente. Isso porque, se uma de suas finalidades é afetá-lo a ponto de condicioná-lo a uma mudança de postura, a indenização não pode ser irrisória, de modo a compensar a atuação abusiva, mas também não pode significar expropriação e decadência do agente.

Mais uma vez não se pode concordar com a afirmação de Eduardo Soto Pires, no sentido de que:

> [...] o fato de existir uma lacuna legal com relação às dispensas coletivas não pode autorizar os juízes a utilizar o Direito Comparado quando do julgamento dos casos. Enquanto não se promulgue uma lei que regule as dispensas coletivas e as diferencie do modelo indenizatório geral, as dispensas coletivas devem ser entendidas como um "subtipo" das dispensas em geral, às quais são aplicáveis as mesmas indenizações previstas em lei para os casos de dispensas individuais.[217]

Equiparar os efeitos da despedida coletiva à despedida individual, ou seja, limitar a indenização aos empregados atingidos às verbas rescisórias, significa não apenas esvaziar o instituto jurídico da despedida coletiva, mas principalmente incentivar a coletividade de empregadores a atuarem sem o compromisso legal de negociarem com sindicatos e empregados, promovendo o descompromisso com o valor do emprego, ausência de diálogo, da partilha de informações e o ideário de que o ato da dispensa é absoluto e irrefreável.

4.2.1.7 Impossibilidade de reintegração

> a inexistência de garantia de emprego ou de estabilidade que justifique a reintegração, ressalvados os casos de estabilidade provisória previstos em lei ou em normas coletivas, que poderão ser objeto dissídios individuais.[218]

> No que concerne à reintegração pleiteada, é necessário ressaltar que o texto constitucional, ao vedar a dispensa arbitrária, impõe que a lei complementar preverá indenização compensatória, dentre outros direitos (art. 7º, I), não conferindo aos trabalhadores prejudicados o direito à reintegração. Por essa razão, a concessão desse benefício seria extrapolar a restrição prevista constitucionalmente, o que não é permitido ao aplicador do direito.[219]

A impossibilidade de reintegração dos empregados dispensados coletivamente foi uma conclusão uníssona dos dois acórdãos mencionados, com a qual não se pode anuir. O fato de não haver dispositivo legal expresso ou norma coletiva prevendo como consequência da despedida coletiva inválida a reintegração dos empregados afetados não é impeditivo algum para a aplicação desta medida porque ela é a medida lógica e dedutiva da teoria geral das nulidades, que prevê o retorno das partes ao estado anterior no caso da prática de atos nulos.

---

(217) PIRES, Eduardo Soto. *Op. cit.*, p. 134.
(218) BRASIL. Tribunal Regional do Trabalho da 15ª Região. *Processo n. 309/2009-000-15-00.4.*
(219) BRASIL. Tribunal Superior do Trabalho. *Recurso Ordinário em Dissídio Coletivo n. 309/2009-000-15-00.4.*

A reintegração aos postos de trabalho não só se coaduna com esta máxima como representa a única medida capaz de promover e assegurar o bem jurídico que está em jogo: o emprego e sua significação na implementação da dignidade do ser que trabalha.

Nesse aspecto, verifica-se que o Poder Judiciário deixou de dar um passo importante e necessário na exaltação da proteção do emprego, sendo talvez o ponto mais questionável de toda a decisão exarada.

Essa é mais uma das discordâncias de avaliação com Eduardo Soto Pires, que afirma:

> A decisão do TST sobre a dispensa coletiva da EMBRAER tem, por outro lado, alguns aspectos positivos que merecem ser destacados. Por um lado, a decisão confirma a inexistência de um direito dos trabalhadores a serem readmitidos nos postos de trabalho, reconhecendo que não há causa legal que estabeleça a estabilidade do trabalhador no emprego, questão que tem ressonância na doutrina mais aceita.[220]

A conclusão é justamente oposta, já que este é o aspecto mais questionável das decisões, que possuem inúmeras premissas louváveis, como já destacadas.

4.2.2 Usiminas

O processo n. TRT-SDC-200.57-2009.000-02.00.0 do TRT da 2ª Região, cujas partes suscitante e suscitada foram, respectivamente, o Sindicato dos Trabalhadores nas Indústrias Siderúrgicas, Metalúrgicas, Mecânicas de Material Elétrico e Eletrônico, Indústria Naval de Cubatão, Santos, São Vicente, Guarujá, Praia Grande, Bertioga, Mongaguá, Itanhaém, Peruíbe e São Sebastião — STISMMMEC e a Companhia Siderúrgica Paulista — Cosipa e a Companhia Siderúrgica Paulista (Usiminas/Usina II). Teve a relatoria da desembargadora Ivani Contini Bramante e resultou em transação judicial parcial (quanto à primeira leva de despedimentos) e extinção do feito sem resolução de mérito (quanto à segunda parte das despedidas). Sua ementa:

> Despedida em massa. Nulidade. Necessidade de negociação coletiva prévia. Negociação coletiva ampla realizada no curso da ação, resultando em suspensão das despedidas anunciadas e acordos parciais acerca das despedidas efetivadas e redução do âmbito do conflito coletivo. Exigência suprida pelas negociações amplas levadas a cabo no curso da ação de dissidio coletivo. Pedido de nulidade da despedida em massa prejudicado. 1. A despedida coletiva é fato coletivo regido por princípios e regras do Direito Coletivo do Trabalho, material e processual. A despedida coletiva não é proibida mas está sujeita ao procedimento de negociação coletiva. Portanto, deve ser justificada, apoiada em motivos técnicos e econômicos e ainda, deve ser bilateral, precedida de negociação coletiva com o Sindicato, mediante adoção de critérios objetivos. 2. Inteligência da Carta Federal que comanda a solução pacífica das controvérsias (preâmbulo); a observância da dignidade da pessoa humana e do valor social do trabalho, da função social da empresa (arts. 1º, III e IV e 170 "caput" e inciso III da CF); bem como a democracia na relação trabalho capital pela exigência da negociação coletiva para solução dos conflitos coletivos (arts. 7º, XXVI, 8º, III e VI, CF). 3. Nesse diapasão,

---

(220) PIRES, Eduardo Soto. *Op. cit.*, p. 135.

as Convenções Internacionais da OIT, ratificadas pelo Brasil, n.s: 98, 135 e 154. Aplicável ainda o princípio do direito à informação previsto na Recomendação 163, da OIT, e no artigo 5º, XIV da CF e o principio da boa-fé nas negociações coletivas (art. 422 CC). 4. Se houve negociação coletiva, embora tardia, iniciada após a efetivação da despedida coletiva, com diálogo franco entre as partes e troca de informações, com acordo de suspensão das despedidas anunciadas e, acordos parciais relativos às despedidas efetivadas, com sensível redução do âmbito do conflito inicialmente instalado, resta suprida a exigência da negociação prévia e demonstrada a boa-fé negocial. 5. Assim, não há que se falar em nulidade da despedida em massa pelo fundamento da ausência da negociação prévia. Pedido de nulidade prejudicado.[221]

A decisão, além de ser uma das pioneiras a tratar acerca das despedidas coletivas, trouxe a lume, com maior ênfase, a questão da importância da negociação coletiva.

Como visto na seção anterior, a premissa para casos futuros, no sentido de que é obrigatória *prévia* negociação coletiva, foi fixada pelo Tribunal Superior do Trabalho nos autos no processo n. 309/2009-000-15-00.4, originário da 15ª Região, em 10 de agosto de 2009.

Já o acórdão em análise foi publicado em 26 de agosto de 2009, mas afastou a necessidade premente de a negociação coletiva ser prévia, razão pela qual julgou, quanto à despedida coletiva promovida em um segundo momento, extinta sem resolução de mérito, nos termos do art. 267, incisos IV e VI, do CPC.

O tribunal regional concluiu que as tratativas realizadas no curso do dissídio coletivo, no qual foram realizadas sete audiências para tentativa de conciliação, supriram a exigência de negociação coletiva prévia.

Um dos princípios mais caros à Justiça do Trabalho, sem dúvidas, é o conciliatório, possível e incentivado a qualquer momento. Ocorre, contudo, que quando a lide chega ao Judiciário, o ânimo das partes suscitantes já não é o mesmo, visto que a recusa do empregador em dialogar com as entidades sindicais, sem a tutoria estatal, promove desgaste na categoria profissional e desmerece a importância de seus representantes sindicais. Eis a importância de uma negociação coletiva prévia.

Não é recente nem à toa o desprestígio com que as entidades sindicais vêm sendo tratadas no mundo do trabalho. Nesse sentido, Marcele Carine dos Praseres Soares:

> Mesmo diante de toda uma atmosfera contrária à sobrevivência do autêntico sindicato, inclusive das mudanças mais aterrorizantes, deve-se lembrar que o movimento, antes de tudo é produto da união de vontade e realidade, incumbindo às suas lideranças a tomada de posições para chegar-se a um contexto mais amistoso.
>
> A situação atual do sindicato é, tão somente, produto de todo o processo de transformações pelo qual vem passando o mundo do trabalho, mundo este que exclui ou anula, o que considera desnecessário, inútil ou mesmo nocivo. E é isso que ocorre diante do atual padrão de desenvolvimento. Ao sindicato é atribuída condição de entidade associativa dos trabalhadores, retirando-lhe toda a possibilidade de contestação e inquietação.

---

(221) BRASIL. Tribunal Regional do Trabalho da 2ª Região. *Processo n. TRT-SDC-200.57-2009.000-02.00.0.*

Manter o estado e continuar o processo de aniquilação do trabalhador permanece prerrogativa latente do sistema hoje vivenciado, tornando-se extremamente dificultoso ao movimento reverter tal situação ou resistir um pouco mais. Quando os integrantes de uma entidade passam a descrê-la, é sinal de que seu fim se aproxima, pois o que são as instituições, e, sobretudo, um movimento de classe, sem o aparato e a credibilidade daqueles que os compõem?

O ceticismo do trabalhador atingiu o sindicalismo de forma letal, restando claro que o objetivo de enfraquecê-lo e destituí-lo de qualquer espécie de poder está, definitivamente, sendo alcançado.

Lutar contra as ondas da mudança se mostra tarefa árdua, mormente quando se é incutido que estas são sinônimo de desenvolvimento e aprimoramento humano e que os valores que impregnavam outrora uma sociedade são considerados ultrapassados.

Assim, como, por certa vez, tenham sido os operários chamados a unirem-se, seja o momento destes, independentemente da denominação atribuída e de convocação expressa, repensarem seus valores e papéis nesta nova sociedade, que, inicialmente, não os comporta.

Se o sindicalismo, entendido como fruto da sociedade industrial, deve com esta findar-se, é relevante dúvida, mas fato incontroverso é a necessidade de manter-se a proteção ao trabalhador, pois este, seja incluso numa sociedade primitiva, agrícola, industrial ou de serviços, conserva, como indivíduo, a fragilidade e a impotência inerentes, diante dos fortes ventos da transformação e do lucro.[222]

O esvaziamento das funções e da relevância das entidades sindicais exige um estudo muito mais aprofundado. A fragmentação das categorias profissionais, com a chegada e enxurrada de trabalhadores terceirizados, que é apenas um dos exemplos mais flagrantes da desmobilização dos sindicatos e da extinção do *sentimento de classe* junto à massa de trabalhadores, pode ser indicada como um dos fundamentos para a perda de força, outrora tão característica dos grupos representativos dos empregados.

Mas um dos pontos centrais, sem o qual não é possível uma discussão real e profunda sobre esse fenômeno, é a ideologia crescente e cada vez mais disseminada, de forma paulatina e subliminar, de uma cultura que prega o individualismo e o completo desapego à solidariedade.

O mundo do trabalho sofre essa influência de forma exponencial, já que o sentido de classe e de interesse da categoria é desintegrado e relegado ao plano do passado infrutífero, que, como tal, deve rememorar a sociedade atual apenas como lembrança histórica.

A exigência, por parte do Poder Judiciário, de prévia negociação coletiva entre sindicatos e empresa invoca, assim, a credibilidade das entidades sindicais, ao tempo em que as chama à responsabilidade pelo futuro de seus representados.

---

(222) SOARES, Marcele Carine dos Praseres. Perspectivas do sindicalismo no atual padrão de desenvolvimento. *Revista LTr — Legislação do Trabalho*. São Paulo: LTr, v. 2. p. 174-189, 2010. p. 189.

A negociação coletiva, mais que significar o amadurecimento dos atores sociais, representa a responsabilidade social que ambos devem possuir no comando dos destinos dos empregados e da sociedade, numa clara manifestação da autodeterminação que todo e qualquer organismo que está disposto no cenário social deve ter e exercitar.

Não se pode esquecer ou minorar a relevância histórica dos sindicatos na defesa dos direitos trabalhistas, mas não se deve subestimar o poder que eles ainda são capazes de demonstrar, se forem instados a tal. Necessário que eles sejam chamados a representar o papel que estão constitucionalmente autorizados a desempenhar.

Jamais se poderia desmerecer a atuação dos órgãos judiciais na condução de tratativas conciliatórias. O que não se pode anuir, contudo, é que ele se substitua ao papel dos atores trabalhistas.

Assim, a prévia negociação coletiva, mais do que o exercício dos princípios da boa-fé objetiva, do dever de informação, de lealdade entre as partes, representa a valorização do sindicato e o resgate de sua legitimidade social perante a comunidade e a classe trabalhadora.

Conclusões

> *Para recriar essa ideologia, do direito do trabalho como instrumento de valorização do trabalho, é preciso, inicialmente, quebrar a ideologia de que as ideias não têm o poder de mudar a realidade, que o determinismo histórico trará as mudanças a seu tempo. Dizer que há um determinismo histórico que nos conduzirá, inevitavelmente, a um mundo melhor, ou que só pode reivindicá-lo a seu tempo, só interessa como discurso conservador da realidade vivida, com todas as suas injustiças e imperfeições. Ora, ainda que os motivos da criação do direito do trabalho possam ser paradoxais, não se pode negar que a reação popular, impulsionada por ideias, o que possibilitou mudanças no mundo referentes às melhorias nas condições de vida e de trabalho das classes menos favorecidas economicamente.*[223]

O arremate que se propõe a um trabalho que possui como objetivo o despertar para a realidade jurídica da despedida coletiva não poderia ser outro senão o de conclamar a comunidade acadêmica para o debate do tema.

Muito mais que um ponto final ou um lugar de chegada, o encerramento da explanação implica expô-la aos desafios da crítica, da discordância, da discussão, para que, então, ela ganhe robustez e significado.

Talvez a mensagem mais relevante extraída desta jornada acadêmica tenha sido a possibilidade de encarar a novidade do tema com o frescor de uma grande expedição, na qual as descobertas representaram assombro e deslumbre.

A despedida coletiva tem importância crescente na realidade social e, como tal, requer que se tome posse de sua complexidade, de seu desvendamento. Como exposto ao longo do texto, o primeiro passo para tanto é entendê-la em sua singularidade e distinção, para, a partir daí, tecer as relações e intersecções com as normas que formam nosso arcabouço jurídico.

Apesar da ausência de dispositivo legal que trate da despedida coletiva, não se pode omitir acerca de sua autonomia enquanto instituto jurídico diverso da despedida individual

---

(223) SOUTO MAIOR, Jorge Luiz. *O Direito do Trabalho como instrumento de justiça social*. São Paulo: LTr, 2000, p. 110-111.

(inclusive quando plúrima) tampouco quanto à distinção de efeitos jurídicos que atrai. Foram essas duas premissas relevantes para a construção do trabalho.

A defesa do dever de motivação da despedida coletiva representa, assim, uma pequena parcela de um projeto maior: de valorização do trabalho humano. Pouco adianta a existência de lei dispondo sobre a despedida coletiva se não houver, por parte do Poder Judiciário, inclinação para potencializar os efeitos de nossa Constituição e de seus princípios.

Para tanto, necessário o desapego do conservadorismo e do temor à utopia, compreendida no sentido dado por Michael Löwy. Aliás, é esta (a utopia) que promove a quebra das amarras e que lança aos homens a esperança por mudanças.

> Utopias, ao contrário, são aquelas ideias, representações e teorias que aspiram uma outra realidade, uma realidade ainda inexistente. Têm, portanto, uma dimensão crítica ou de negação da ordem social existente e se orientam para sua ruptura. Deste modo, as utopias têm uma função subversiva, uma função crítica e, em alguns casos, uma função revolucionária.[224]

Mas as mudanças, independentemente do âmbito em que pretendem atuar, carecem de uma reflexão madura e consciente, que se inicia no plano das ideias. Crê-se, assim, que as ideias são elemento poderoso no processo de mudança da realidade. E é dessa forma que se classifica o trabalho que ora se encerra: uma ideia embrionária, gestacional e, sobretudo, utópica.

---

(224) LÖWY, Michael. *Op. cit.*, p. 13.

Referências Bibliográficas

ALMEIDA, Renato Rua. Subsiste no Brasil o direito potestativo do empregador nas despedidas em massa? *Revista LTr — Legislação do Trabalho*. São Paulo: LTr, v. 73, 2009.

ALVARENGA, Lúcia Barros Freitas de. *Direitos Humanos, dignidade e erradicação da pobreza*: uma dimensão hermenêutica para a realização constitucional. Brasília: Brasília Jurídica, 1998.

ALVARENGA, Rúbia Zanotelli de. O poder empregatício no contrato de trabalho. *Jus Navigandi*, Teresina, v. 15, n. 2.639, 22 set. 2010. Disponível em: <http://jus.com.br/artigos/17462>. Acesso em: 19 set. 2014.

ALVARENGA, Rubia Zanotelli. Hermenêutica jurídica e direitos humanos sociais do trabalhador. *Revista LTr — Legislação do Trabalho*. São Paulo: LTr, v. 73, p. 705-718, 2009.

ANDRADE, Oyama Karyna Barbosa. *Proteção constitucional contra a dispensa arbitrária do empregado*: do descumprimento à efetividade. 2012. Dissertação (Mestrado em Direito) — Faculdade de Direito da Universidade Federal de Minas Gerais, Belo Horizonte, 2012. Disponível em: <http://www.bibliotecadigital.ufmg.br/dspace/bitstream/handle/1843/BUOS--8XTNHD/disserta__o_oyama_karyna_barbosa_andrade.pdf>. Acesso em: 19 set. 2014.

ARAÚJO, Francisco Rossal de. *A boa-fé no contrato de emprego*. São Paulo: LTr, 1996.

ARENDT, Hannah. *A condição humana*. 10. ed. Rio de Janeiro: Forense Universitária, 2008.

ARENDT, Hannah. *Responsabilidade e julgamento*. São Paulo: Companhia das Letras, 2004.

AROUCA, José Carlos. A garantia do emprego vinte e dois anos depois. *Revista LTr — Legislação do Trabalho*. São Paulo: LTr, v. 74, 2010.

AZEVEDO, Antônio Junqueira de. *Negócio jurídico*: existência, validade e eficácia. 4. ed. São Paulo: Saraiva, 2013.

BANDEIRA DE MELLO, Celso Antônio. *Curso de Direito Administrativo*. São Paulo: Malheiros, 2003.

BARACAT, Eduardo Milléo. *A boa-fé no Direito Individual do Trabalho*. São Paulo: LTr, 2003.

BARCELLOS, Ana Paula de. *A eficácia jurídica dos princípios constitucionais*. Rio de Janeiro: Renovar, 2002.

BARROSO, Luís Roberto. *A dignidade da pessoa humana no Direito Constitucional contemporâneo*. Belo Horizonte: Fórum, 2013.

BARROSO, Luís Roberto. *Constituição da República Federativa do Brasil anotada*. 5. ed. São Paulo: Saraiva, 2006.

BARROSO, Luís Roberto. *Interpretação e aplicação da Constituição*. 7. ed. São Paulo: Saraiva, 2009.

BARROSO, Luís Roberto. *O Direito Constitucional e a efetividade de suas normas*. Rio de Janeiro: Renovar, 1996.

BARZOTTO, Luciane Cardoso. As normas internacionais do trabalho como normas de direitos fundamentais na CF/88 e EC n. 45. *Revista LTr — Legislação do Trabalho*. São Paulo: LTr, v. 73, p. 841-846, 2009.

BELTRAN, Ari Possidonio. *Direito do Trabalho e direitos fundamentais*. São Paulo: LTr, 2002.

BOCORNY, Leonardo Raupp. *A valorização do trabalho humano do Estado Democrático de Direito*. Porto Alegre: Sergio Antonio Fabris, 2003.

BRANCO, Ana Paula Tauceda. *A colisão de princípios constitucionais no Direito do Trabalho*. São Paulo: LTr, 2007.

BRASIL. Câmara dos Deputados. *Projeto de Lei n. 5.353/2009*. Disponível em: <http://www.camara.gov.br/sileg/integras/666304.pdf>.

BRASIL. Câmara dos Deputados. *Projeto de Lei n. 6.356/2005*. Disponível em <http://www.camara.gov.br/proposicoesWeb/fichadetramitacao?idProposicao=309251>.

BRASIL. Supremo Tribunal Federal. *Recurso Extraordinário n. 466.343-SP*. Rel. Min. Cezar Peluso. DJe 5 jun. 2008.

BRASIL. Tribunal Regional do Trabalho da 15ª Região. *Processo n. 309/2009-000-15-00.4*.

BRASIL. Tribunal Regional do Trabalho da 1ª Região. *Ação Civil Pública n. 0001618-39.2012.5.01.0023*. 8ª Turma.

BRASIL. Tribunal Regional do Trabalho da 2ª Região. *Agravo de Instrumento em Recurso de Revista n. 9800/2009-0251-02*.

BRASIL. Tribunal Regional do Trabalho da 2ª Região. *Processo n. TRT-SDC-200.57-2009.000-02.00.0*.

BRASIL. Tribunal Superior do Trabalho. *Recurso de Revista n. 9800-84.2009.5.02.0251*. Rel. Min. Dora Maria da Costa.

BRASIL. Tribunal Superior do Trabalho. *Recurso Ordinário em Dissídio Coletivo n. 309/2009-000-15-00.4*.

BRASIL. Tribunal Superior do Trabalho. *Recurso Ordinário n. 147-67.2012.5.15.0000*. Rel. Min. Maria de Assis Calsing.

BRASIL. Tribunal Superior do Trabalho. *Recurso Ordinário n. 6-61.2011.5.05.0000*, SDC, Rel. Min. Walmir Oliveira da Costa, p. 22 fev. 2013.

BRIÃO, Andréa. Proteção do trabalho frente às despedidas coletivas. *Revista LTr — Legislação do Trabalho*. São Paulo: LTr, v. 74, p. 425-434, 2010.

BULOS, Uadi Lammêgo. *Curso de Direito Constitucional*. São Paulo: Saraiva, 2007.

CARPENA, Heloisa. Abuso do direito no Código Civil de 2002. In: TEPEDINO, Gustavo (Org.). *Parte Geral do Novo Código Civil*. Rio de Janeiro: Renovar, 2002, p. 367-386.

CARVALHO, Welinton. Despedida arbitrária: concretização à espera do STF. *Revista LTr — Legislação do Trabalho*. São Paulo: LTr, v. 74, 2010.

CASTRO, Carlos Roberto Siqueira. *A Constituição aberta e os direitos fundamentais*. Rio de Janeiro: Forense, 2010.

CAVALCANTE, Ricardo Tenório. *Jurisdição, Direitos Sociais e proteção do trabalhador*. Porto Alegre: Livraria do Advogado, 2008.

CHOHFI, Thiago. A vigência da Convenção n. 158 da OIT no âmbito da ordem jurídica brasileira. In: XVII CONGRESSO NACIONAL DO CONPEDI. *Anais*. Brasília, 20-22 nov. 2008. Disponível em: <http://www.conpedi.org.br/manaus/arquivos/anais/brasilia/18_752.pdf>.

COSTA, Marcelo Freire Sampaio. Demissões em massa e atuação do Ministério Público do Trabalho. *Revista LTr — Legislação do Trabalho*. São Paulo: LTr, p. 824-831, v. 74, 2010.

COSTA, Marcelo Freire Sampaio. *Eficácia dos direitos fundamentais entre particulares*: juízo de ponderação no Processo do Trabalho. LTr: São Paulo, 2010.

DEJOURS, Christophe. *A banalização da injustiça social*. 7. ed. Rio de Janeiro: Fundação Getúlio Vargas, 2013.

DELGADO, Mauricio Godinho. *Curso de Direito do Trabalho*. 7. ed. São Paulo: LTr, 2008.

DEPARTAMENTO INTERSINDICAL DE ESTATÍSTICA E ESTUDOS SOCIOECONÔMICOS; BRASIL. Ministério do Trabalho e Emprego. *Rotatividade e Flexibilidade no Mercado de Trabalho*. São Paulo, 2011. Disponível em: <http://www.dieese.org.br/livro/2011/livroRotatividade11.pdf>. Acesso em: jun. 2013.

DEPARTAMENTO INTERSINDICAL DE ESTATÍSTICA E ESTUDOS SOCIOECONÔMICOS. *Nota Técnica n. 61*, mar. 2008. Disponível em: <http://www.vigilantecntv.org.br/Dieese/nota%20tecnica%2061%20-%20RatificacaoConvencao158rev.pdf>.

EBERT, Paulo Roberto Lemgruber. O direito à negociação coletiva e as despedidas em massa: os deveres de participação do sindicato profissional nas tratativas prévias e de atuação das partes segundo a boa-fé. *Revista LTr — Legislação do Trabalho*. São Paulo: LTr, v. 74, p. 435/453, 2010.

EUROPA. Conselho das Comunidades Europeias. *Directiva n. 75/129/CEE*, 17 fev. 1975. Jornal Oficial n. L 048, 22 fev. 1975, p. 29-30. Disponível em <http://eur-lex.europa.eu/LexUriServ/LexUriServ.do?uri=CELEX:31975L0129:PT:HTML>. Acesso em: 27 mar. 2013.

FABIANO, Isabela Márcia de Alcântara; RENAULT, Luiz Otávio Linhares. Crise financeira mundial: tempo de socializar prejuízos e ganhos. *Revista do Tribunal Regional do Trabalho da 3ª Região*. Belo Horizonte, v. 48, n. 78, p. 195-217, jul./dez. 2008. Disponível em: <http://www.trt3.jus.br/escola/download/revista/rev_78/isabela_fabiano_luiz_otavio_renault.pdf>.

FERNANDES, Antônio Monteiro. *Direito do Trabalho*. 17. ed. Coimbra: Almedina, 2014.

FREITAS JÚNIOR, Antonio Rodrigues de. *Direito do Trabalho e direitos humanos*. São Paulo: BH, 2006.

FREITAS JÚNIOR, Antonio Rodrigues de. *Direito do Trabalho na era do desemprego*. São Paulo: LTr, 1999.

FREITAS JÚNIOR, Antonio Rodrigues de. Efetivação dos Direitos Sociais como condição da Democracia. In: CORREIA, Marcus Orione Gonçalves. (Org.). *Curso de Direito do Trabalho*. São Paulo: LTr, 2007, v. 1, p. 41-62. Coleção Pedro Vidal Neto.

FUNDAÇÃO FRANCISCO MANUEL DOS SANTOS. Trabalho: despedimentos colectivos. In: *Conhecer a crise*. Disponível em: <http://www.conheceracrise.com/indicador/167/despedimentos-colectivos>. Acesso em: 26 fev. 2014.

GONÇALVES, Cláudia Maria da Costa. *Direitos fundamentais sociais*: releitura de uma constituição dirigente. Curitiba: Juruá, 2010.

GONDINHO, André Osório. *Direito Constitucional dos contratos*: a incidência do princípio da dignidade da pessoa humana. São Paulo: Quartier Latin, 2010.

GONZAGUINHA. Comportamento geral. In: *Luiz Gonzaga Junior*. EMI-Odeon, 1973.

HESSE, Konrad. *A força normativa da Constituição*. Tradução Gilmar Ferreira Mendes. Porto Alegre: Sergio Antonio Fabris, 1991.

HOLANDA, Sérgio Buarque de. *Raízes do Brasil*. 26. ed. São Paulo: Companhia das Letras, 2013.

LOPES, Ana Frazão de Azevedo. *Empresa e propriedade*: função social e abuso de poder econômico. Quartier Latin: São Paulo, 2006.

LOUREIRO, Sílvia Maria da Silveira. *Tratados internacionais sobre direitos humanos na Constituição*. Del Rey: Belo Horizonte, 2005.

LÖWY, Michael. *Ideologias e ciência social*: elementos para uma análise marxista. 7. ed. São Paulo, 1991.

MAC CRORIE, Benedita Ferreira da Silva. *A vinculação dos particulares aos direitos fundamentais*. Coimbra: Almedina, 2005.

MACIEL, José Alberto Couto. *Comentários à Convenção n. 158 da OIT*: garantia no emprego. São Paulo: LTr, 1996.

MACIEL, José Alberto Couto. *Desempregado ou supérfluo? Globalização*. LTr: São Paulo, 1998.

MANNRICH, Nelson. *Dispensa coletiva*: da liberdade contratual à responsabilidade social. São Paulo: LTr, 2000.

MARINONI, Luiz Guilherme. *Tutela específica*. 2. ed. São Paulo: Revista dos Tribunais, 2001.

MARINONI, Luiz Guilherme; ARENHART, Sérgio Cruz. *Curso de Processo Civil*: v. 2: processo de conhecimento. São Paulo: Revista dos Tribunais, 2007.

MARTINS, Sergio Pinto. *Despedida coletiva*. Disponível em: <http://www.editoramagister.com/doutrina_ler.php?id=614>.

MARTINS-COSTA, Judith. O exercício jurídico disfuncional e os contratos interempresariais: notas sobre os critérios do art. 187 do Código Civil. *Revista do Advogado*. São Paulo, v. 96, 2008.

MAZZUOLI, Valerio de Oliveira. *Direito dos Tratados*. São Paulo: Revista dos Tribunais, 2011.

MEIRELLES, Hely Lopes, *Direito Administrativo Brasileiro*. 17. ed. São Paulo: RT, 1992.

MELLO, Marcos Bernardes de. *Teoria do fato jurídico*: plano da existência, plano da validade e plano da eficácia. São Paulo: Saraiva, 2010.

MENEZES CORDEIRO, António Manuel da Rocha e. *Da boa fé no Direito Civil*. Coimbra: Almedina, 2013.

MORAES, Maria Celina Bodin de. *Na medida da pessoa humana*: estudos de Direito Civil-Constitucional. Rio de Janeiro: Renovar, 2010.

MOREIRA, Eduardo Ribeiro. *Obtenção dos direitos fundamentais nas relações entre particulares*. Rio de Janeiro: Lumen Juris, 2007.

MUNIZ, Mirella Karen de Carvalho Bifano. Uma possível forma de aplicação da Convenção 158 da OIT. *Âmbito Jurídico*. Rio Grande, v. 11, n. 57, set. 2008. Disponível em: <http://www.ambito-juridico.com.br/site/index.php?n_link=revista_artigos_leitura&artigo_id=5139>.

NASCIMENTO, Amauri Mascaro. As despedidas coletivas e a Convenção n. 158 da OIT. *Revista LTr — Legislação do Trabalho*. São Paulo: LTr, v. 7, p. 17-25, 1996.

NASCIMENTO, Amauri Mascaro. Crise econômica, despedimentos e alternativas para a manutenção dos empregos. *Revista LTr — Legislação do Trabalho*. São Paulo: LTr, v. 73, 2009.

NUNES, Luiz Antônio Rizzatto. *O princípio constitucional da dignidade da pessoa humana*: doutrina e jurisprudência. São Paulo: Saraiva, 2010.

ORGANIZAÇÃO INTERNACIONAL DO TRABALHO. *Sobre a promoção da negociação coletiva*. Disponível em: <http://www.oitbrasil.org.br/content/sobre-promo%C3%A7%C3%A3o-da-negocia%C3%A7%C3%A3o-coletiva>. Acesso em: 17 fev. 2014.

PANCOTTI, José Antonio. Aspectos jurídicos das dispensas coletivas no Brasil. *Revista LTr — Legislação do Trabalho*. São Paulo: LTr, v. 74, 2010.

PEDUZZI, Maria Cristina Irigoyen. *O princípio da dignidade humana na perspectiva do Direito como integridade*. São Paulo: LTr, 2009.

PILATI, José Isaac. *Propriedade e função social na pós-modernidade*. 2. ed. Rio de Janeiro: Lumen Iuris, 2012.

PIOVESAN, Flávia. *Direitos Humanos e o Direito Constitucional Internacional*. 4. ed. São Paulo: Max Limonad, 2000.

PIRES, Eduardo Soto. *Demissões coletivas*: lições para a sua regulamentação futura pelo sistema jurídico brasileiro: estudo do modelo regulatório espanhol. São Paulo: LTr, 2012.

POCHMANN, Marcio. *O emprego na globalização*. São Paulo: Boitempo, 2012.

POCHMANN, Marcio. *O emprego no desenvolvimento da nação*. São Paulo: Boitempo, 2008.

PORTANOVA, Rui. *Motivações ideológicas da sentença*. 5. ed. Porto Alegre: Livraria do Advogado, 2003.

PORTUGAL. Ministério do Trabalho e da Solidariedade Social. Gabinete de Estratégia e Planejamento. Equipe de Estatísticas e Difusão de Indicadores. *Boletim Estatístico*, maio 2011. Disponível em: <http://www.gep.msess.gov.pt/estatistica/be/bemaio2011.pdf>. Acesso em: 26 fev. 2014.

PRAGMÁCIO FILHO, Eduardo. *A boa-fé nas negociações coletivas trabalhistas*. São Paulo: LTr, 2011.

QUEIROZ JÚNIOR, Hermano. *Os direitos fundamentais dos trabalhadores na Constituição de 1988*. São Paulo, 2006.

RAMALHO, Maria do Rosário Palma. *Tratado de Direito do Trabalho*: parte 2: situações laborais individuais. 5. ed. Coimbra: Almedina, 2014.

ROCHA, Cláudio Jannoti da. Reflexões sobre a dispensa coletiva brasileira. *Revista do Tribunal Regional do Trabalho da 3ª Região*. Belo Horizonte, v. 51, n. 81, p. 219-228, jan./jun. 2010. Disponível em: <www.trt3.jus.br/escola/download/revista/rev_81/ claudio_jannotti_da_rocha.pdf>.

ROMITA, Arion Sayão. *Direitos fundamentais nas relações de trabalho*. São Paulo: LTr, 2005.

SÁ, Fernando Augusto Cunha de. *Abuso do direito*. Coimbra: Almedina, 1973.

SANTOS, Enoque Ribeiro dos. A função social do contrato e o Direito do Trabalho. *Revista LTr — Legislação do Trabalho*. São Paulo: LTr, v. 67, n. 12, p. 1460-1468, 2003.

SANTOS, Enoque Ribeiro dos. Internacionalização dos direitos humanos trabalhistas: o advento da dimensão objetiva e subjetiva dos direitos fundamentais. *Revista LTr — Legislação do Trabalho*. São Paulo; LTr, v. 72, p. 277-284, 2008.

SARLET, Ingo Wolfgang. *A eficácia dos direitos fundamentais*: uma teoria geral dos direitos fundamentais na perspectiva constitucional. Porto Alegre: Livraria do Advogado, 2009.

SARLET, Ingo Wolfgang. *Dignidade da pessoa humana e direitos fundamentais na Constituição Federal de 1988*. Porto Alegre: Livraria do Advogado, 2012.

SARMENTO, Daniel. *Direitos fundamentais e relações privadas*. Rio de Janeiro: Lumen Juris, 2006.

SCHNELL, Fernando. Abuso de direito na despedida arbitrária: a incidência do art. 187 do Código Civil na despedida arbitrária como forma de efetivação do direito à segurança no emprego previsto no inciso I do art. 7º da Constituição Federal. *Revista LTr — Legislação do Trabalho*. São Paulo: LTr, v. 74, p. 454-463, 2010.

SILVA, Antônio Álvares da. *Convenção n. 158 da OIT*. Belo Horizonte: RTM, 1996.

SILVA, Antônio Álvares da. Dispensa coletiva e seu controle pelo Judiciário. *Revista LTr — Legislação do Trabalho*. São Paulo: LTr, v. 73, p. 650-670, jun. 2009.

SILVA, Virgílio Afonso da. *A constitucionalização do Direito*. São Paulo: Malheiros, 2005.

SILVA, Virgílio Afonso da. *Direitos fundamentais*: conteúdo essencial, restrições e eficácia. São Paulo: Malheiros, 2010.

SILVEIRA, Aramis de Souza. Os efeitos da Convenção n. 158 da OIT nas relações de trabalho. *Revista LTr — Legislação do Trabalho*. São Paulo: LTr, n. 60.

SINDICATO DOS QUÍMICOS DE SÃO PAULO. *Convenção Coletiva 2012/2014*. Disponível em: <http://www.quimicosjc.org.br/pdfs/especiais/CCT-2012-2014.pdf>.

SINDICATO DOS TRABALHADORES DAS INDÚSTRIAS DE PURIFICAÇÃO E DISTRIBUIÇÃO DE ÁGUA E EM SERVIÇOS DE ESGOTO. *Acordo Coletivo 2013/2014*. Disponível em: <http://www.sengemg.com.br/downloads/acordos_convencoes/ copasa/ ACT_Copasa_2013-2014.pdf>.

SINDICATO DOS TRABALHADORES EM METALÚRGICAS, MECÂNICAS, MATERIAL ELÉTRICO. *Convenção Coletiva 2013/2014*. Disponível em: <http://www.stimjf.org/arquivo-baixar.php?id=24>.

SINDICATO DOS TRABALHADORES NA FIAÇÃO E TECELAGEM DE SÃO PAULO, CAIEIRAS, COTIA, FRANCO DA ROCHA. *Convenção Coletiva 2011/2013*. Disponível em: <http://az545403.vo.msecnd.net/sietex/2012/08/01-Conven%C3%A7% C3%A3o ColetivaTrabalho-Mestres-Ano-Base-2011-2013.pdf>.

SINDICATO DOS TRABALHADORES NAS INDÚSTRIAS DE ALIMENTAÇÃO. *Acordo Coletivo de Trabalho 2013/2014*. Disponível em: <http://www.sintrial.com.br/acordos/ Acordo_BRF_2013.pdf>.

SINDICATO NACIONAL DOS AERONAUTAS. *Convenção Coletiva da Aviação Regular 2013/2014*. Disponível em: <http://www.aeronautas.org.br/convencao-coletiva-de-trabalho--aviac-reg-20132014>.

SOARES FILHO, José, *A proteção da relação de emprego*: análise crítica em face de normas da OIT e da legislação nacional. São Paulo: LTr, 2002.

SOARES, Marcele Carine dos Praseres. Perspectivas do sindicalismo no atual padrão de desenvolvimento. *Revista LTr — Legislação do Trabalho*. São Paulo: LTr, v. 2, p. 174-189, 2010.

SOUTO MAIOR, Jorge Luiz. A Convenção 158 da OIT e a perda do emprego. *Migalhas*, 27 out. 2008. Disponível em: <http://www.migalhas.com.br/dePeso/16,MI72255,71043-A+-Convencao+158+da+OIT+e+a+perda+do+emprego>.

SOUTO MAIOR, Jorge Luiz. Convenção 158 da OIT: dispositivo que veda a dispensa arbitrária é auto-aplicável. *Jus Navigandi*. Teresina, v. 9, n. 475, 25 out. 2004. Disponível em: <http://jus.com.br/artigos/5820>.

SOUTO MAIOR, Jorge Luiz. *Curso de Direito do Trabalho*: v. 2: a relação de emprego. São Paulo: LTr, 2008.

SOUTO MAIOR, Jorge Luiz. Despedida arbitrária e a aplicabilidade da Convenção n. 158 da OIT. *Genesis*. Curitiba, v. 24, n. 139, p. 33-45, 2004.

SOUTO MAIOR, Jorge Luiz. *O Direito do Trabalho como instrumento de justiça social*. São Paulo: LTr, 2000.

SOUTO MAIOR, Jorge Luiz. *Proteção contra a despedida arbitrária e aplicação da Convenção n. 158 da OIT*. Disponível em: <http://portal.trt15.jus.br/documents/124965/125426/Rev25Art3.pdf>.

SOUZA, Carlos Affonso Pereira de. *Abuso do direito nas relações privadas*. Rio de Janeiro: Elsevier, 2013.

STEINMETZ, Wilson Antônio. *A vinculação dos particulares a direitos fundamentais*. São Paulo: Malheiros, 2004.

TEIXEIRA, Sergio Torres. *Proteção à relação de emprego*. São Paulo: LTr, 1996.

TEODORO, Maria Cecília Máximo; SILVA, Aarão Miranda da. A imprescindibilidade da negociação coletiva nas demissões em massa e a limitação de conteúdo constitucionalmente imposta. *Âmbito Jurídico*. Rio Grande, v. 12, n. 64, maio 2009. Disponível em: <http://www.ambito-juridico.com.br/site/index.php?n_link=revista_artigos_leitura&artigo_id=6082>.

TORRES, Ricardo Lobo (Org.). *Teoria dos Direitos Fundamentais*. Rio de Janeiro: Renovar, 2001.

VELOSO, Zeno. *Invalidade do negócio jurídico*: nulidade e anulabilidade. 2. ed. Belo Horizonte: Del Rey, 2005.

VIANA, Márcio Túlio. *Direito de resistência*. São Paulo: LTr, 1996.

VIANA, Márcio Túlio. *Teoria e prática da Convenção n. 158*. São Paulo: LTr, 1996.

XAVIER, Bernardo da Gama Lobo. *O despedimento colectivo no dimensionamento da empresa*. Lisboa: Verbo, 2000.

ZAINA, Ana Carolina. *Crise econômica de 2008 e dispensa coletiva de trabalhadores*: percalços do neoliberalismo globalizado e dimensionamento do estado. 2010. Dissertação (Mestrado em Direito Empresarial) — Faculdade de Direito do Centro Universitário Curitiba. Curitiba, 2010. Disponível em: <www.trt9.jus.br/internet_base/arquivo_download.do?evento=Baixar&idArquivoAnexadoPlc=1824931>.